有象列仙全傳

第一輯 第6冊

有象列仙全傳

正編 第5種

（新編）有象列仙全傳目錄

（原）有象列仙全傳目錄……一

第一卷……二七

第二卷……一〇五

第四卷……二五九

列仙全傳序

濟南李攀龍撰

嘗觀魏文帝典論有云年壽有時而盡榮樂止乎其身二者必至之常期未若文章之無窮味斯言也豈非念吾生之匪易不應借草

末而齊彫傚文肆以寄聲將與
天地而同永哉是誠高論何謂狂
談然要之終為虛名而已於吾身
何益也張季鷹曰使我有身後名
不如生前一杯酒陶淵明亦曰吁
嗟身後名於我若浮煙夫二子者

豈不以身既不存名將焉用乎神
已沒令嬰安知暢我斯言抑又達
矣若迺等而上之俾形神永合則
身名俱存不有神仙之學乎我逍
遙、引圓屢看東海揚塵嘯傲丹
丘幾見桃花結實是故老君三皇

教主應隋唐而猶現赤松炎帝雨師逮秦漢而還存東方曼倩三竊瑤池之桃純陽呂祖每醉岳陽之酒黃安負龜于武帝張果辯應于明皇之數共者或萬年或數千年或數百年皆棲神碧落遊化

人間無籍文章而顯不假聲聞而
存良生人之要道不朽之鴻圖哉
是以高人逸客罔不慕其休風智
士名賢咸思步其芳躅等珠玉於
瓦礫以軒冕為樊籠故軒皇龍
逝視萬乘若一毛王子鳳升棄儲

宮猶敝屣至如匡裕結茅於廬山
安期賣藥於海上黃初平牧羊於
金華丁令威化隺於遼水譚景
升辟穀於嵩山陳圖南服氣於華
嶽一朝有悟輒飄然長往而不返
者良有以也善乎方城宗子有曰

人世有二樂上焉者乘青雲弄紫
霞而次則宏肆靡麗句照耀今古
名並日月萬世莫得而掩焉殆無
三子而有之哉龍風事辭林概
碧紗之空兆晚眺之理異石髓
之倘逢迢習靜山中澹然無事曰念

劉向陶弘景二神仙傳所載僅漢晉以上而六朝逮今闕焉讀者少之逦搜羣書并二傳舊所載者共得四百九十七人合而梓之名曰列仙全傳雖乏江淹之彩毫無能增輝閬苑庶幾裴航之玉杵預將

通贊瀛洲他日乘雲躡島邀白
傅以論詩跨隺瑤天覓青蓮而醉
月一咲相逢固非未同而言客也
新都汪雲鵬書

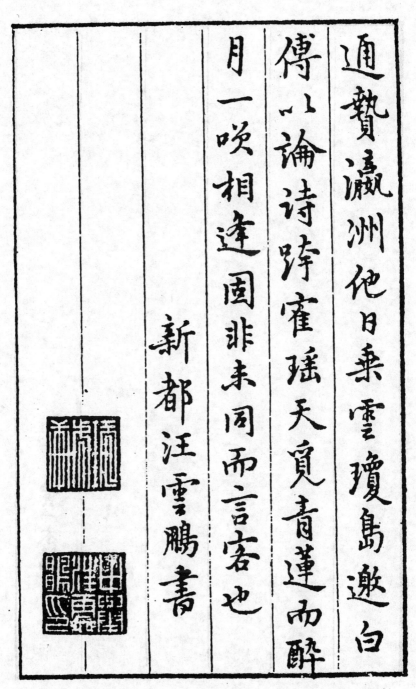

黃一木鶴

有象列仙全傳目錄

第一卷

第二卷

第三卷

第四卷

鹿皮翁　王知遠　張[口山]　萬振
鄧郁　羅郁　韋昉　曾文廸
徐則　蕭子雲　楊羲　白鶴道人
王延　李順興　孫思邈　黃子陽
趙真人　潛翁　岑道願　崔之道
瞿夫人　張果　葉法善　崔子玉
苗龍　羅通微　匡智　匡大郎附
明崇儼　王旻　蘭冲虛　韋善俊
僕僕先生　應夷節　王帽仙　王遥
司馬承禎　焦靜真附　饒廷直　班孟
鄔通微　黃華姑

第六卷

第八卷

第九卷 補遺

陸法和　神和子　錢妙真　劉珍
潘師正　謝自然　胡惠起　鄧紫陽
殷七七　李昇　費文禕　杜光庭
劉無名　葉千部　山圖　晏仙人
楊昭慶　柴通玄　丁少微　趙自然
張無夢　徐道士　抱一道士　石仲元
林遇賢　郭上竈　甄棲真　管歸真
魚肉道人　藍喬　趙棠　劉混康
侯谷神　楊父　崔自然　陳葆光
韋恕女　劉野父　許碏　蘇舜卿
沈鱗　牟羅漢　劉遁　李常在

有象列仙全傳卷之一

吳郡　王世貞輯次
新都　汪雲鵬校梓

老子者。太上老君也。混元圖云。初三皇時。化身號爲萬法天師。中三皇時。爲盤古先生。伏羲時。爲欝華子。女媧氏時。爲欝密子。神農時。爲太成子。軒轅時。爲廣成子。少皞時。爲隨應子。顓帝時。爲赤精子。帝嚳時。爲録圖子。堯時。爲務成子。舜時。爲尹壽子。禹時。爲眞行子。湯時。爲錫則子。老君雖累世化身。而未有誕生之迹。迨商陽甲時。分神化氣。始寄胎玄妙玉女八十一年。暨武丁庚辰二月十五日卯時。降誕於楚之苦縣瀨鄉曲仁里。從母左腋而生於李樹下。指樹曰。此吾姓也。生時白首。面黃白色。

額有參午達理。日月角懸。長耳矩目。鼻純骨雙柱。耳有

三漏門。美鬚廣顙。疎齒方口。足蹈三五。手把十文。姓李

名耳。字伯陽。號曰老子。又號曰老聃。周文王爲西伯。召

爲守藏史。武王時。遷爲柱下史。成王時。仍爲柱下史。乃

遊西極大秦竺乾等國。號古先生。化導其國。康王時。還

歸于周。復爲柱下史。昭王時。去官歸亳。隱焉。後復欲開

化西域。乃以昭王二十三年。駕青牛車。過函谷關。度關。

令尹喜知之。求得其道。二十五年。降於蜀青羊肆。會尹

喜同度流沙胡域。至穆王時。復還中夏。平王時。復出關

開化蘇隣諸國。復還中國。敬王十七年。孔子問道於老

聃退而有猶龍之嘆。烈王三年、過秦。秦獻公問以歷數、遂出散關。赧王九年、復出散關、飛昇崑崙。秦時、降峽河之濱、號河上公、授道安期生。漢文帝時、號廣成子。文帝好老子之旨、遣使詔問之。公曰、道尊德貴、非可遙問。帝卽命駕詣之。帝曰、普天之下、莫非王土。率土之濱、莫非王臣。域中有四大、王居一也。子雖有道、猶朕民也。不能屈、何乃高乎。朕足使貧賤富貴。須臾、公乃拊掌坐躍、冉冉在虛空中。如雲之昇、去地百餘丈而止於玄虛。良久、俛而答曰、今上不至天、中不類人、下不居地、何民之有。陛下焉能令富貴貧賤乎。帝乃悟、知是神人、方下輦稽首禮謝。授帝道德二經。成帝時。降曲陽泉、授于吉太平真經。章帝時，授于吉一百八十大戒。安帝時，降授劉圖罪福新科。順帝時，降授天師三洞經籙。桓帝時，降天台授葛孝先上清靈寶大洞諸經。魏明帝時，降嵩山，授天師寇謙之新科符籙。唐高祖時，降羊角山，語吉善行唐公受命符。玄宗天寶初，降丹鳳門，帝親享之興慶宮，隨又降語田同秀以函谷所藏金匱靈符，又降語王元翼妙真符。宋政和二年，降華陽洞天，授梁先生加句天童護命經。蓋無世不出，先塵劫而行化，後無極而常存，隱顯莫測，變化無窮，普度天人，良不可以具述者矣。史云：老子西昇之時，五色光貫紫微，昭王令太史占之，云：當有聖人西去，千年之外，聲教返此。此西化之兆也。自昭

王甲寅至濮求平果千年爲續博物志云唐高祖武德
三年晉州人吉善行於羊角山見白衣父老呼善行曰
爲吾語唐天子吾爲老君即其祖也高祖因立廟高宗
追尊玄元皇帝明皇爲註道德眞經兩京及諸州各置
玄元皇帝廟京師號玄元宮諸州號紫極宮尋改西京
爲太清宮東京爲太微宮皆置學生尊號曰太聖祖高
上大道金闕玄元天皇大帝
木公諱倪字君明天下未有民物時鍾化而生於碧海之
上蒼靈之墟道性凝寂湛體無爲將贊迪玄功育化萬
物主陽和之氣理於東方亦號東王公凡上天下地男
子登仙得道者悉所掌焉嘗以丁卯日登臺觀望轉刼

學道得仙之品品有九。一曰九天真皇。二曰三天真皇。三曰太上真人。四曰飛天真人。五曰靈仙。六曰真人。七曰靈人。八曰飛仙。九曰仙人。凡品仙昇天之日。先拜木公。後謁金母。受事既畢。方得昇九天。入三清。禮太上而觀元始。漢初有群兒戲謠於道曰。着靑裙。上天門。揖金母。拜木公。時人皆莫之知。唯子房往拜焉。乃語人曰。此東王公之玉童也。

西王母。即龜臺金母也。以西華至妙之氣。化而生於伊川。姓緱。（一作何一作楊）諱回。字婉妗。一字太虛。配位西方。與東王公共理二氣。調成天地。陶鈞萬品。凡上天下地。女子之登仙得道者。咸所隸焉。居崑崙之圃。閬風之苑。玉樓玄臺九層左帶瑶池右環翠水女玉華林媚蘭青娥瑶姬玉巵周穆王八駿西巡乃執白圭玄璧謁見西王母復觴母于瑶池之上母為王謠曰白雲在天山陵自出道里悠遠山川間之將子無死尚能復來後漢元封元年降武帝殿母進蟠桃七枚於帝自食其二帝欲留核母曰此桃非世間所有三千年一實耳偶東方朔於牖間窺之母指曰此兒已三偸吾桃矣是日命侍女董雙成吹雲和之笛王子登彈八琅之璈許飛瓊鼓靈虛之簧安法興歌玄靈之曲爲武帝壽焉

太真王夫人王母少女玉巵也毎彈一絃琴即百禽飛集時乘白龍周遊四海

東王公與玉女投壺梟而脫誤不接者公爲之笑開口流光今電是也按此東王公與玉女仙等搜神記云玉女即掩其光以作電神

上元夫人漢武帝元封元年七月七日王母乘紫雲輦駕五色斑麟降帝宮東向坐帝跪問寒暄畢乃命帝坐遣侍女迎上元夫人云劉徹好道適來觀之夫人可暫來不侍女返云阿環再拜遠隔絳河遂替顏色近五十年帝問上元何眞曰是三天眞皇之母總領眞籍上元之官也俄夫人亦乘麟至服靑霜袍頭作三髻餘髮散垂至腰帝拜夫人曰汝好道乎汝胎性暴胎性淫胎性奢胎性酷胎性賊五者常舍于榮衞之中五臟之內雖數招方士而慕長生亦自勞耳授帝以靈飛十二事乃去

赤松子神農時雨師服水玉教神農能入火不燒至崑崙山常止西王母石室中隨風雨上下炎帝少女追之亦得仙俱去高辛時爲雨師間遊人間

容成公者自稱爲黃帝之師見周穆王言補導之事煉精於玄牝其要谷神不死守生養氣髮白返黑齒落更生道與老子同

廣成子。軒轅時人。隱居崆峒山石室中。黃帝造焉。問以至道之要。答曰。至道之精。窈窈冥冥。至道之極。昏昏默默。無視無聽。抱神以靜。形將自正。必靜必清。毋勞爾形。毋搖爾精。毋俾爾思慮營營。乃可長生。愼內閉外。多智多敗。我守其一而處其和。故千二百年未嘗衰老。

黃帝。立爲天子十九年。聞廣成子在崆峒之上。乃往見之曰。敢問至道之精。廣成子曰。自汝治天下。雲氣不待族而雨。草木不待黃而落。日月之光益以荒矣。奚足以語至道。黃帝退居三月。復往見之。廣成子南首而臥。黃帝從下風膝行而進。再拜稽首。問曰。敢問治身。奈何而可以長久。廣成子蹶然起曰。善哉問乎。吾語汝。至道之精。

窈窈冥冥。至道之極。昏昏默默。無視無聽。抱神以靜。形將自正。心靜神清。無勞汝形。無搖汝精。乃可以長生。帝再拜曰。廣成子之謂天矣。退而養心服形。晝而魂遊于華胥氏之國。國在弇州之西。台州之北。不知離中國幾千萬里。蓋非舟車足力所及。神遊而已。其國無師長。民無嗜欲。不知樂生惡死。故無夭殤。不知親已踈物。故無愛憎。不知背逆向順。故無利害。都無所愛惜。都無所畏忌。入水不溺。入火不熱。乘空若履實。寢虛若枕牀。雲霧不垓其勢。雷霆不亂其聽。美惡不滑其心。山嶽不躓其步。神行而已。黃帝既寤。惺然自得。召力牧等語之曰。朕閑居三月。思有以養身矣。而於治物之道。弗獲其術也

今所夢若此方知至道不可以情求矣不可以告若矣
其後天下大治。幾若華胥氏之國。帝後採首山銅鑄鼎於荊山之下。鼎既成有龍垂胡髯下迎黃帝。黃帝乃乘之後宮及群臣從之者七十餘人。餘臣悉持龍髯龍髯拔。因墮黃帝弓百姓仰望帝既上乃抱其弓與髯而號故後因名其處曰鼎湖弓曰烏號。

甯封子。為黃帝陶正有異人過之為其掌火能出五色煙。久則以教封子。封子積火自燒。能隨煙氣上下。

赤將子輿者。黃帝時人不食五谷而噉百花草。至堯時。為木正能隨風雨上下時與市中貨繳亦謂之繳父。

洪厓先生或曰黃帝之臣伶倫也得道仙去姓張氏或曰堯時已三千歲矣漢仙人衛叔卿在終南絕頂與數人愽其子度世問卿曰同與愽者爲誰叔卿曰洪厓先生輩也

馬師皇者黃帝時治馬醫也知馬形氣死生之胗理之輒愈後有龍下向之垂耳張口師皇曰此龍有病知我能治乃針其唇下口中以甘草湯飲之一旦龍負而去

王倪。卽老君弟子。得道于羲農之間。黃帝過之。因傳道要。
歷少昊顓頊之世。常遊人間。帝嚳以前。爲齧鈌師。行飛
走之道。堯舜之時。猶有見者。後昇天。

何侯者。堯時隱蒼梧山。慕長生。三百餘口皆耕耘。舜南狩。
止何侯家。天帝五老來謂舜曰。昇舉有期。翌日五帝下
迎舜白日昇天。夏禹時。五帝以藥一器與何侯。使投酒
中。一家三百餘口。飲不竭。以餘酒灑屋宇。拔宅上昇。位
爲太極仙人。今嶷山有何侯廟。在舜廟側。

偓佺采藥父也好食松子。體毛數寸。能飛行逐走馬。以松子遺堯。堯不受。時受食者。皆三百歲。

宛丘先生服制命丸得道。至殷湯之末世。已千餘歲。以方傳弟子姜若春。服之三百年。視之如十五歲童子。彭祖師之。受其方三首。姜若春附

鐵拐先生。李其姓也。質本魁梧。早得道。修真巖穴時。李老君與宛丘先生。嘗降山齋。誨以道教。一日先生將赴老君之約於華山。囑其徒曰。吾魄在此。儻游魂七日而不返。若甫可化吾魄也。徒以母疾迅歸。六日而化之。先生至七日果歸。失魄無依。乃附一餓莩之尸而起。故形跛惡。非其質矣。

務光，夏時人，耳長七寸，好服蒲韭根。湯伐桀，以天下讓於光，光辭曰：廢上，非義也；殺人，非仁也；人犯其難，我享其利，非廉也。乃負石自沉蓼水，後四百餘年，至武丁時復見。武丁欲以為相，遂遊尚父山，不出。

孟岐，清河逸人也，尋師不避險阻。漢武帝時，談及周初時事，了如目前。嘗云：曾見周公旦抱成王，朝於周廟。岐時侍周公陞壇，公上，岐以手摩成王足。周公以王笏遺岐，岐常執之，每以衣袂拂拭，笏今銳，欲折耳。嘗餌桂葉，在華陰山下拾藥，聞帝好仙，披草莢而出。

匡裕周武王時人。兄弟七人，皆有道術。結廬山中，後得仙去，惟空廬在焉。故曰廬山。漢武帝封裕爲廬山君。

彭祖錢鏗，帝顓頊玄孫。至殷之末世，年已七百餘歲，而不衰。好恬靜，惟以養神治生爲事。穆王聞之，以爲大夫，稱疾，不與政事。善於補導之術，并服水晶、雲母粉、麋角，常有少容。采女乘輜軿，往問道於彭祖。采女具受諸要，以教王。王試爲之有驗。彭祖知之，乃去，不知所往。其後七十餘年，門人於流沙西見之。一云：周衰，始浮遊四方，晚入蜀，抵武陽留家。娶四十九妻，失五十四子。

青烏公者。彭祖之弟子也。身受明師之教。精審仙妙之理。乃入華陰山中學道。積四百七十一歲。十二試之。有三不過。後服金液而昇天。太極道君以爲三試不過。仙人而已。不得爲真人。

呂尚。冀州人。生而内智。豫知存亡。避紂亂。隱遼東三十年。西適。隱於南山。釣于卞溪。三年不獲魚。或曰。可以止矣。尚曰。非爾所及也。果得大鯉。有兵鈐在腹中。乃服澤芝地衣。石髓。二百年而告亡。葬之無尸。惟有玉鈐六篇在棺中。

范蠡字少伯徐人也事周師太公望好服桂飲水爲越大夫佐勾踐破吳後乘輕舟入海變名姓適齊爲鴟夷子更後百餘年見於陶爲陶朱公財有億萬復棄之往蘭陵賣藥後人世世見之

劉越周時有匡先生名續修道于南嶂山後有一少年數來相訪言論奇偉先生異之問曰覩子風猷有日矣借問鄉邦姓字答曰予姓劉名越居在山之左山下有石高二丈許叩之即應當相延先生如其語訪之叩石石忽自開雙戶洞啓一小鬟迎先生行數十步継有二青衣絳節前導漸見臺榭參差金碧掩映珎禽奇獸草木殊異真人冠王冠朱紱劍佩來迎先生意欲留居之真

人已覺謂先生曰子陰功未滿後會可期他日相從不晚也飲王酒三爵延齡保命湯一啜而出先生返顧所叩石宛然如初他日復叩無所應矣今盧山太平興國宮三門外即石建亭名曰仙石石上尚有劉仙二字存焉。

匡續字君平南楚人號匡阜先生生而神靈兒時便有物外志周武王時師老聃得長生之道結茅南障山虎溪之上隱焉室中無所有惟置一榻簡書數篇而已武王屢徵不起一日有少年詣之自通曰姓劉名越家在前山之左邀先生過之且曰至山下有石高二丈許即予家也續後如約而往至山下四顧無人家惟有一石乃

叩之石爲之開若雙扉然有二青衣執絳節前導入其
中瓊樓玉宇見前少年傳以仙訣由此得道遂煉丹于
其所漢武帝元封元年南巡狩登祀天柱嘗望秩焉繼
而射蛟潯陽江中復封先生爲南極大明公仍命立祠
於虎溪舊隱列於祀典迨至東晋鴈門僧慧遠遊羅浮
夜宿祠下愛其溪山之勝謁郡守桓伊曰昨夢隹先生
願捨祠爲寺伊從之而遷先生祠于山口唐開元間再
加興建尊爲仙廟凡水旱癘疫禱之皆應

葛由者羌人也周成王時好刻木羊賣之一日騎羊入蜀蜀中王侯貴人追之上綏山綏山在峨嵋山西南最高無極隨之者不復還皆得仙道故諺曰若得綏山一桃雖不得仙亦豪。

蔡瓊字伯瑤師老子受太玄陽生符還丹方合服得道白日昇天常用陽生符活已死人但骸骨存者以符投之即起。

彭宗字法先彭城人年二十學於杜冲嘗從之採藥忽墮深谷手足傷損逮至危困良久蘇息肅恭如初又使之採樵被蛇中亦無慍色冲憫之乃授丹經五千文及守一之道宗寶而修之日臻幽妙嘗宵中有神燈數枚浮空映席又五色雲霞霏霏繞座間能三晝夜爲一息或自卧水底竟日方出或瞑目僵仆輒一年許不動塵委其上積厚如指見者皆疑已殞及起顏色愈鮮能以一氣誦五千文通爲兩遍山中毒蛇猛虎能以氣禁之潛伏終不能動宗解之方去嘗有獵者遥相毀罵且及門欲相凌辱宗用氣禁之獵者手足不覺自拘蠢然尸立使幽靈擊之傍人惟聞杖箠之聲莫測其所以俟其悔

過乃釋之年一百五十餘歲常如二十許厲王十三年
正月老君遣仙官下迎授爲太清真人治赤城宮

馮長驪山人周宣王時爲柱下史覩天文之變乃退隱攝
生遇鄧真人授以靈書功行垂成復遇彭真人授以太
上隱書遂得仙用術活人平王二十年春昇化而去

王子喬，周靈王太子晉也。好吹笙作鳳鳴，遊伊洛之間。道人浮丘公接晉上嵩高山。三十餘年後，見栢良，謂曰：可告我家，七月七日待我於緱山頭。至期，果乘白鶴駐山頭，可望不可到。俯首謝時人，數日方去。後立祠緱氏山下。

沈羲，吳郡人。學道蜀中。善醫，一心救人，功德感天。周赧王十年，老君遣使召之。與妻賈氏共載，授羲碧落侍郎。白日昇天。時道間耕鋤人共見之。須臾大霧，霧解，失其所在。但見羲所乘車牛在田中食禾。或有識為羲車牛，以語羲家。弟子數百人恐是邪魅，車牛入山谷間，乃將數百人分布於百里之間求之，不得。至漢殤帝延平元年，凡四百一十二年。乃復還鄉里。推求得十餘世孫。名懷喜。懷喜曰。聞先世相傳。果有遠祖登仙。義歸留數日。云。初上天時。不見天帝。惟謁老君。老君向東坐。宮殿鬱鬱。雲氣五色。庭中皆珠玉樹。侍從數百。多女少男。四壁熠熠有符書。老君長可丈餘。身體有光。不可正視。老君令王女持金案玉杯。盛藥賜義曰。此是神丹。飲者不死。夫妻各得一刀圭。飲畢。復賜大棗二枚。大如雞子。復以符一道。仙方一道。賜義。令且還人間。救人疾苦。若欲上昇。以此符懸之竿杪。仙吏當迎汝也。語已。奄忽如寐。已在地上。實太后疾。嘗遣使請問。安帝時。猶在人間。後復昇天。

周亮字泰真。太原人。母胥寢見五色流霞覆其宅。因感有孕。經十五月而生。長而師事姚坦。授五千文及八素真經。能治鬼怪。各見真形。周靈王太子晉聞之。召與相見。賜以九光七明芝。亮修服之。遂能變化。或如老翁髮白齒落。經宿不出。復爲少年。姿容如花。或被兇人侮之。其人不覺自縛。至於拷擊。叫號。口中流血求哀。乃釋之。年一百九十餘歲。威烈王二十四年。上帝遣天官下迎。授爲泰䧺真人。出入太淸。

涓子齊人好餌朮，當食養精，至三百年，仍見於齊，著天地人經四十八篇，後釣魚于河澤，得鯉腹中有符，隱于岩山，能制風雨，受伯陽九仙法，淮南王安少得其文，不能解其意也，獨琴心三篇，有條理焉。

亢倉子，姓庚桑，名楚，陳人也，得老君之旨，隱毘陵孟峯，嘗云，導筋骨則形全，翦情欲則神全，靜言語則福全，後道成仙去。

琴高趙人，能鼓琴，爲宋康王舍人，行涓彭之術，浮遊冀州涿郡間二百餘年，後入涿水取龍子，與諸弟子期，其日當返，諸弟子日齋潔，待于水傍，設祀，高果乘鯉而來，觀者萬餘人，留一月，復入水去。

寇先者宋人也釣魚爲業居睢水傍百餘年得魚或放賣
或食好種荔食其葩實焉宋景公問其道不告即殺之
後數十年踞宋城門鼓琴十日而去宋人家家奉祀焉
馬丹晉狄人文侯時爲大夫獻公時爲幕正公滅狄殺恭
太子丹去至趙宣子時乘安車入晉都候之靈公欲仕
之逼不以禮俄迅風發丹入迴風中而去北方人尊而
祠之

王瑋玄不知何許人得道居林屋山洞中吳國韓崇好道
遊名山訪方術於林屋遇瑋玄求度世之道瑋玄以流
珠丹授之謂崇曰子行此道無妨居世功成之日自當
仙舉也崇行之大驗仕爲汝南太守在郡十四年治化

大行著爲天下最年七十四璋玄又降人間授崇隱遁解形之法入大霍山又授崇道化泥丸并紫房之術後俱昇天（韓崇附）

負局先生語似燕代間人因磨鏡輒問主人得無有疾苦者否若有輒出紫丸赤藥與之莫不愈時大疫每列戶與藥愈者萬計不取一錢後止吳山絕崖世世懸藥與人曰吾欲還蓬萊山爲汝曹下神水崖頭一旦有水白色從石崖流下服之者多所愈鄉人乃立祠祀之

列子鄭人名禦寇問道於關尹子復師壺丘子九年能御風而行隱居鄭國四十年無知者著書行於世唐天寶初冊爲冲虛真人題其書曰冲虛真經宋景德四年敕加至德二字

莊子蒙人名周嘗爲蒙漆園吏與梁惠王齊宣王同時其學無所不闚然其要本歸於老子著書六萬餘言率寓言也楚威王聞周賢使使厚幣迎之許以爲相周笑謂使曰吾聞楚有神龜死已三千歲矣王巾笥而藏之廟堂之上此龜者寧其死爲留骨而貴乎寧其生而曳尾於塗中乎使者曰寧生而曳尾於塗中莊子曰往矣吾將曳尾於塗中又聘於莊子莊子應其使者曰子見夫

犧牛乎。衣以文繡。食以芻菽。及其牽而入於太廟。當是之時。雖欲為孤犢。其可得乎。遂終身不仕。後竟仙去。帝命為闈編郎。以紀諸仙飛舉。

尹喜。字公文。天水人。初母氏嘗晝寢。夢天下絳雲。流繞其身。及喜生時。家陸地自生蓮花遍滿。及長。眼有日精。姿形長雅。垂臂下膝。堂堂有天人之貌。少好學。墳索善內學。星宿。服精華。隱德行仁。大度不修俗禮。損身濟物。不求聞達。周康王時。為大夫。仰觀乾象。見東方有紫氣西邁。知有聖人當度關而西。乃求為函谷關令。預敕關吏。

孫景曰。若有形容殊俗。車服異常者。勿聽過。喜嘗候物
色而迹之。時昭王二十三年七月十二日甲子。老君果
乘白輿。駕青牛。徐甲為御。欲度關。關吏入白喜。喜曰。今
我得見聖人矣。即具朝服出迎。跪伏叩頭邀之曰。願暫
留神駕。老君謝曰。吾貧賤老翁。居在關東。田在關西。今
暫往取薪。何故見留。幸聽度。喜復稽首曰。大聖豈是取
薪。久知大聖當來西遊。暴露有日。願少憩神駕。老君曰。
聞開導竺乾。有古先生。善入無為。永存綿綿。是以身就
道。經歷關子。何過留耶。喜又曰。今觀大聖神姿超絕。乃
天上之至尊。邊夷何足往觀。願不托言。少垂哀愍。老君
曰。子何所見而知。喜曰。去冬十月。天理星西行過昴。自

令月朔融風三至東方真氣狀如龍蛇而西度此大聖人之徵故知必有聖人度關老君乃怡然笑曰善哉子之知吾吾亦已知子矣子有通神之見當得度世也喜再拜曰敢問大聖姓字可得聞乎老君曰吾姓字渺渺從劫至劫非可盡說吾今姓李字伯陽號曰老聃喜扵是就官舍設座供養行弟子禮老君乃為喜留關下百餘日盡傳以內外修煉之法時老君之御者徐甲少賃扵老君約日顧百錢至關時當七百三十萬錢甲見老君去官遠適亟來索錢老君謂曰吾往西海諸國還當以黃金什直償尔甲如約及至關飯青牛扵野老君欲試之乃以吉祥草化為一美女行至牧牛之所能以言

戲甲。甲慼之。欲留。遂負前約。乃詣關令訟老君。索傭錢。老君謂甲曰。汝隨我二百餘年。汝久應死。吾以太玄生符與汝。所以得至今日。汝何不念此。而乃訟吾。言訖。符自口中飛出。丹篆如新。甲即成一聚白骨。喜乃為甲叩頭請赦其罪。以賜更生。老君復以太玄生符投之。甲即立生。喜乃以錢償甲。而禮遣之。一日老君謂喜曰。吾重告爾。古先生者。即吾之身。當化乎竺乾。今將返神。還乎無名。吾今逝矣。喜叩首請侍行。老君曰。吾遊乎天地之表。嬉乎玄冥之間。四維八極。上下無邊。子欲隨吾。烏可得焉。喜曰。入火赴淵。下地上天。灰身沒命。願隨大仙。老君曰。汝雖骨相合道。法當成真。然受道日淺。未能通神。

安得變化隨吾聖身汝尚精修此道體入自然斯可與汝行化諸國爾於是復以道德五千言授之期曰千日之外可尋吾於蜀青羊之肆也言訖聳身空中坐雲華之上面放五明身見金光洞然十方冉冉昇空光燭館舍五色玄黃良久乃沒喜目斷雲霄涕泣攀戀其日江河汎漲山川震動有五色光貫太微徧及四方喜遂以老君所說理國修身之要去奢滅欲之言敘而編之爲三十六章名之曰西昇經喜乃屛絕人事三年之內修煉俱畢凡所授書悉臻其妙乃自著書九篇號關尹子至丁巳歲即往西蜀尋訪青羊之肆老君以甲寅年昇天至乙卯歲復從太微宮分身降生於蜀國大官李氏

之家。已先敕青龍化生為羊。色如青金。常在所生嬰兒之側。愛玩無數。忽一日失羊。童子尋覓得於市肆。喜至蜀。徧問居人。無青羊肆者。忽見童子牽羊。因自解云。既有青羊。復在市肆。聖師所約。其在此耶。因問此誰家羊。牽欲何往。童子荅曰。我家夫人生一兒。愛玩此羊。失來兩日。兒啼不止。今却尋得。欲還家。喜即囑曰。願為告夫人之子。云尹喜至矣。童子如其言。入告兒。兒即振衣而起曰。令喜前來。喜既入。其家庭宇。忽然高大。湧出蓮花之座。兒化數丈。白金之身。光明如日。項有圓光。建七曜之冠。衣晨精之服。披九色離羅之帔。坐於蓮花座上。舉家見之。皆驚怪。兒曰。吾老君也。太微是宅。真一為身。太和降精爟魄為人、主客相因、何乃怪耶。喜將慰無量、稽首言曰、不謂慶會復奉天顏。老君曰。吾向留子者、以子沿世來久、深染恩愛、初受經訣、未克成功。是以待子於此。今子保形煉氣、已造真妙。心結紫絡。面有神光。金名表於玄圖。玉札繫於紫房。氣參太微。解形合真矣。即命召三界衆真。時諸天帝君。十方神王。洎諸仙衆。頃刻浮空而至。各執香花。稽首聽命。老君敕五老上帝。四極監真。授喜玉冊金文。號文始先生。位為無上真人。賜紫芙蓉冠。飛青羽裙。丹羂緑袖。交泰霓裳。羅紋黃綬。九色之節。居二十四天王之上。統領八萬仙士。自此方得飛騰虛空。參侍龍駕。其家長幼二百餘口。即時拔宅昇天。

尹軌字公度太原人文始先生尹喜之從弟也少學天文兼通讖緯父事先生因教服黃精花及授諸道經凡百餘篇皆蒙口訣先生登真之後即與隱士杜冲同修煉於先生宅時年二十八歲絕粒養氣專修上法上帝憐之賜為太和真人仍下統仙僚於杜陽宮軌時帶神丹周歷天下濟度有緣或煉金銀以賑貧苦求哀之人咸得其福利焉晉惠帝永興二年從東來降于尹真人之觀語道士梁諶以得道之素及上帝命所司之事語畢忽聳身騰空冉冉而登天府

有象列仙全傳一卷終

老子

木公

西王母

太真王夫人

東王公

上元夫人

赤松子

容成公

廣成子

赤將子輿

洪厓先生

馬師皇

王倪

何侯

偓佺

鐵拐先生

務光

孟軻

匡裕

彭祖錢鏗

青烏公

呂尚

范蠡

劉越

匡衡

葛由
葛由

蔡瓊

彭宗

馮長

王子喬

沈義

涓子

琴高

冠先

負局先生

莊子

尹喜

有象列仙全傳卷之二

吳郡　王世貞輯次
新都　汪雲鵬校梓

丁令威本遼東人學道於靈虛山後化鶴歸集華表而吟曰有鳥有鳥丁令威去家千歲今來歸城郭如故人民非何不學仙塚纍纍

李八百蜀人名真居筠陽五龍岡歷夏商周年八百歲動行則八百里時人因號為李八百或隱山林或居廛市又修煉於華林山石室丹成還蜀中周穆王時居金堂山蜀人歷代見之號紫陽真君

明香真人，李八百之妹也。初修道於華林元秀峯，後于峯南五龍岡設壇。道成沖舉。唐天寶中。即其地為元陽觀，封妙應真人。

折象廣漢人，少好黃老術，師事東平先生，家世豐贍，以為多藏必厚亡，散千金以賑貧苦，或諫之，象曰，實子文有言，我之施物。乃逃禍，非避時也。自剋亡日，尸解如蛇蛻焉。

宋倫字玄德，洛陽人，專心好道，服黃精二十餘年。周厲王時。老君授以通真經。及丹符，倫得經修行，遂自然通感，嘗有玉童六人，更遞侍之，凡未來事。預知其吉凶，言無不驗，能飄然飛舉，凌波涉險。與神仙遊，日行三千里，或化為鳥獸以試人心有獵者逐之常相去五十步百步不能至善射者射之亦不至與病者同寢其病自痊年九十餘宣王三十二年上帝遣仙官下迎授為太清真人下司中嶽

王子姓章名震南郡人少學衆經周幽王徵之不起乃嘆曰人但貪富貴不知養性命盡氣絶雖為王侯金玉如山何益獨有學仙可以無窮乃師長桑子受其衆術著道書百餘篇其要術以務鬼為主尤精於五行演其微妙能起飄風雲雷雨霧發屋折木又以草芥瓦石為六畜龍虎立使能行分形為數百千人又能涉行江海含水噴之即成珠遂不復變或時閉氣休息舉之不起推

之不動屈之不曲伸之不直如此數十日乃起復如故
每與諸弟子行各丸泥為馬與之皆令閉目須臾皆乘
大馬一日千里又能吐五色雲氣起數丈見飛鳥過指
之即墮又臨淵投符召魚鱉魚鱉皆自投岸又能使諸
弟子舉眼即見千里外物但不能久也其務鬼時以器
盛水著兩鬼之間吹而噓之水上立有赤光煒煒
而起即以此水治百病病在內者飲之在外者浴之皆
立愈後入崆峒山合丹丹成白日昇天

太陽子者姓離名明王子之友也王子學道已成太陽子
乃事王子盡弟子之禮不敢懈怠王子特親愛之而好
酒恒醉頗以此見責然善為五行之道雖鬢髮班白而

肌膚豐盛。面目光華。三百餘歲猶自不改。王子謂之曰。汝當理身養性。為衆賢法師。乃昏迷大醉。功業不修。大藥不合。雖得千歲。竟難免死。況數百歲乎。此凡庸所不為。況達者乎。後著七寶樹之術。深得道要。服丹得仙。常在世間五百餘歲。面如少童。秖多酒。其鬚鬢皓白。不能全其嬰兒也。

太陽女。姓朱。名翼。敷演五行之道。咸盡微妙。甚驗且速。年二百八十歲。色如桃花。口如含丹。肌膚充澤。眉鬢如畫。綽如十七八處子。奉事絕洞子。丹成。分賜之。俱得仙昇天。

太陰女姓盧名全賦性聰達智慧過人好玉子之道頗得其法未能精妙苦無明師乃當道沽酒密欲求賢積年累久未得勝已者會太陽子過之飲酒見女禮節恭脩言詞閑雅太陽子喟然嘆曰彼行白虎螣蛇我行青龍玄武天下悠悠知者為誰女聞之大喜使妹問客土數為幾對曰不知也但南三北五東九西七中一耳妹還報曰客大賢者至德人也我始問一已知五矣遂請入道室改進妙饌以享之因自陳訖太陽子曰共事天帝之朝俱飲神光之水身登玉子之魁體有五行之寶唯賢是親豈有所吝遂授以道要及煉丹之方丹成服之得仙時年已二百歲猶如少女顏色

太玄女姓顓名和少喪夫有術人相其母子曰皆不壽也乃學道得王子之術遂能入水不濡盛寒之時單衣卧氷上而顏色不變身體温暖可至積日能徙官府宮殿城市屋舍於他處視之無異復指之則還其所在又門戶櫝櫃有関籥者指之即開指山山崩指樹樹死更指之皆復如故一日與弟子行山間日暮以杖扣山石石開皆有門戶入其中有屋室床几帷帳廚廩酒食如常雖行萬里無異能令小物忽大如山岳大物忽小如毫芒野火張天嘘之即滅又能坐炎火之中衣裳不然間化為老翁小兒車馬無所不為行三十六術甚有神効起死無數不見其脩煉服食顏色益少鬢髮如鴉後白

日昇天而去。

墨子者。名翟。宋人也。仕宋。為大夫。外陳經典。內修道術。著書十篇。號為墨子。公輸子嘗為楚王造雲梯以攻宋。墨子說楚王而罷之。年八十有二。乃歎曰。世事已可知巳。榮位非可長保。將委流俗。以從赤松子遊矣。乃謝遣門人。精思至道。想像神仙。於是夜常聞左右山間有誦書聲。每臥後。每有人以衣覆之。墨子乃伺之。見有一人。乃起問之曰。君豈非山嶽之靈乎。願誨以道。神人曰。子有仙骨。志且好道。故來相候。子欲何求。墨子曰。願得長生與天地相畢耳。於是神人授以素書朱英丸方。道靈教戒。五行變化。凡三十五卷。墨子拜受。合作遂得其効。

乃撰集五行記五卷。至漢武帝時，遣使者楊遼束帛加璧以聘疊子，疊子不出。視其顏色，如五六十歲人，周遊五嶽，不止一處也。

浮丘伯，姓李，居嵩山修道，白日飛昇。嘗作原道歌云：虎伏龍亦藏，龍藏先伏虎。但畢河車功，不用提防拒。諸子學飛仙，狂迷不得住。左右得君臣，四物相念護。乾坤法象成，自有真人顧。又作相鶴經，王子喬傳，存于世。

祝雞翁，洛陽人，居尸鄉北山下，養雞百餘年，雞皆有名字，千餘群，暮棲樹上，晝散放之。翁每呼名，即種別而至。賣雞及子，得千萬錢，輒置錢去之吳，作養魚池。後見吳山白鶴孔雀，嘗止其傍。

皇太姥。閩人。相傳為婺星之精。母子二人。居武夷採黃精以餌。能呼風檄雨。乘雲而行。秦人呼為聖母。

古丈夫。漢恂大與尹子虛同遊嵩華。松下見古丈夫并一女子。二生曰。神仙何以至此。古丈夫曰。予本秦之役夫。此為毛玉姜。亦秦宮人。合為殉者。同脫驪山之禍。匿此。不知今幾甲子。二生曰。幸遇大仙。願求金丹大藥。古丈夫曰。我本凡人。初餌栢子。後食松脂。歲久凌虛。毛髮紺綠。不知金丹大藥為何物也。

毛女。在華陰山中。山客獵師。世世見之。形體生毛。自言始皇宮人。秦亡。入山。食松葉。遂不飢寒。身輕如飛。

徐福。字君房。秦始皇時。枉死者滿道路。有鳥如烏狀。銜草覆死人面。皆登時而活。始皇使人持草以問鬼谷先生。先生云。海中有十洲。祖洲有不死之草。生瓊田中。名養神芝。其葉似菰。叢生。一株可活一人。始皇乃遣道士徐福入海尋祖洲。不返。後不知所在。逮沈羲得道。老君遣徐福為使。乘白虎車迎羲。後人始知徐福為仙。又唐開元中。有士人患半身枯黑。御醫張上客等。俱不能活。因謂曰。聞大海中有神仙。盍求治之。士人乃從登州下海。隨風行十餘日。近一孤島。島上有數百人。須臾至岸。岸邊有婦人洗藥。問彼皆何人。婦人指云。中坐鬚髮白者。徐君也。又問徐君是誰。婦人云。君知秦始皇時徐福否。

曰知之曰此即是也士人遂登岸致謁求治徐君初以美飯哺之器物皆奇小士人心嫌其薄徐君覺之曰但恐食不能盡爾士人連啖之如數大甌至飽而竭復以小器盛酒飲之至醉翌日以黑藥數丸與食利黑水數斗其病輒愈士人求住奉侍徐君曰爾有祿位未宜即留當以東風相送毋愁歸路遠也復與黃藥一袋治一切病持歸救人士人還數日至登州以藥奏聞玄宗令有疾者服之即愈

孔丘明秦時人與駱法通等十人避亂相與結友遠訪大道在王笥山修煉歲久道成騰空而去惟仙良一人漫遊不與但成地仙云

黃石公漢張良于下邳圯橋遇老父躡跽令良取履良每曲事之老父喜曰孺子可教遂授良書且謂曰後十三年齊北穀城山下黃石即我也後良功成封留侯從高祖於穀城山果得黃石良請立祠以祀焉

控鶴仙人名屬仁天台元虛老君第七子也常控鶴至武夷山校定仙籍時魏王子騫等禱雨龍潭之上仙人適過其處魏王與張湛等十二人因得謁見仙人見魏王等手骨異常乃遣何鳳兒往天台取仙籍檢視果載子騫與張湛等名於是賜魏王等胡麻飯九品丹書仙人以飲酒過度故謫居武夷須八百年後方得脫骨仙化

鬼谷子。春秋晉平公時人。姓王。名詡。嘗入雲夢山採藥。得道。顏如少童。居青溪之鬼谷。蘇秦張儀嘗問道。三年辭去。子遺之書曰。二足下功名赫赫。但春華至秋。不得久茂。今二子好朝露之榮。忽長久之功。輕喬松之永延。貴一旦之浮爵。夫女愛不極席。男歡不畢輪。痛哉。鬼谷處人間數百歲後不知所之。有陰符鬼谷子二書行于世。

馬成子。秦扶風人。志專修道。棄家訪師。遇黃蓋童子。授以胎元煉氣之法。乃入蜀之鶴鳴山石洞中。復遇異人。授以神丹。曰。氣為內丹。藥為外丹。今授子此丹。服之當列為高真矣。言訖而去。成子遂白日昇天。

茅濛字初成。咸陽人。博學深鑒。知周室將衰。不求仕進。嘆曰人生君流電爾奈何久迷塵寰中於是師鬼谷先生受長生之術遂入華山修煉秦始皇三十年九月庚子乘龍白日昇天先是邑人謠曰神仙得者茅初成駕龍上升入太清時下玄州戲赤城繼業而往在我盈帝若學之臘嘉平秦始皇聞之因改臘為嘉平玄孫盈固衷三人皆得仙居茅山

魏真君名子騫求道於武夷山後遇控鶴仙人授以換骨之訣秦始皇時尸解真君顱骨至今尚存紅白堅潤

簫史得道好吹簫秦穆公以女弄玉妻之遂教弄玉吹簫作鳳鳴有鳳來止其屋公為作鳳臺後弄玉乘鳳簫史乘龍共昇天去 弄玉附

劉海蟾。汲郡白鶴觀知事崔重微忽見道人謁於堂下。揖之坐不語。但微哂。重微起取金相贈。未入房。已聞弄筆聲。急回視。已失道人。壁間有題字。以仙書證之。乃秦人劉海蟾之筆。

盧侯二仙。秦始皇遣盧生入海求神仙藥。不得。盧與侯生謀隱。入邵陵雲山。今山有侯仙跡。盧仙影。秦人古道煉丹井。飛昇臺掃壇竹。皆其遺迹。

蔡女仙。襄陽人。幼善刺繡。忽有父老詣門。請繡鳳一雙。畢功之日。自當指點。既而繡成。老父指視安眼。功畢。俄雙鳳騰躍飛舞。老父與女仙各乘一鳳昇去。

白石生中黄丈人弟子云彭祖時已二千餘歲不修飛昇
但以長生為貴不失人間之樂而已所行者止以金液
之藥為上初患家貧不能得藥乃養猪牧羊十數年致
富萬金乃買藥服之嘗煮白石為糧因就白石山居遂
號白石生亦時食脯飲酒亦時辟穀日能行三四百里
顏色如三十許人或問何以不愛飛昇答曰天上未必
樂于人間且天上多至尊奉侍更苦于人間也
涉正字玄真巴東人漢末說秦始皇時事了了從二十弟
子入吳而正常閉目雖行不開也弟子隨之二十年莫
有見其開目者有一弟子固請之正乃為開目開時有
聲如霹靂有光如火電弟子皆不覺伏地良久乃能起

正已復還開目後道成仙去其所服食施行并授諸弟子皆以行氣絶房室及服石腦小丹時李八百呼正為四百歲兒

杜宇古蜀主也蜀嘗大水宇與民人避水於長平山後鱉靈開峽治水人得安居宇禪位與之自居西山得道昇天

安期生瑯琊阜鄉人賣藥海邊時人皆呼千歲公秦始皇請見與語三夜賜金帛數萬出於阜鄉亭皆置去留書并赤玉舄一量為報曰後千歲求我於蓬萊山下始皇遣使者數輩入海求之未至蓬萊山輒遇風波而還乃立祠阜鄉亭并海邊十處

朱仲。會稽人。漢高后時。下書募三寸珠。仲乃齎三寸珠詣闕上書。賜五百金。魯元公主復私以七百金從仲求珠。仲復獻四寸珠。至闕即去。帝下書會稽徵聘。不知所在。景帝時。復來獻三寸珠數十枚。輒去。竟不知所在。

清平吉。漢沛國人。即高帝時衛平也。至光武時。容色不老。後尸解去。百餘歲。復還鄉里。數日間又尸解去。

劉京者。漢文帝侍郎。從邯鄲張君學道。受餌雲母朱英方。服之百三十年餘。視之如三十許人。能先知吉凶之期。又能為人祭天益命。可延十年五年。至魏武時。京遊諸弟子家。皇甫隆聞而隨事之。以雲母丸子方教隆。隆合服之。得三百歲。不能盡其道法。故不得度世。又有王公于京得九子丸時王公已七十歲服之能御八十妾生二十兒騎馬獵日行二百里飲酒一斛不醉得壽二百歲。

武夷君者昔有神人降於武夷山自稱武夷君云受上帝命統地仙授館於此山中漢武帝嘗遣使築壇祀之

茅盈字叔申濛玄孫第固字季偉次第衷字思和生于漢景帝中元五年少秉異操獨味清虛年十八遂棄家入恒山修道餌朮後師王君因西至龜山得見王母授以太極玄真之經歸入恒山北谷時年四十九也盈父母尚存父怒其久出遠遊欲杖之盈長跪曰盈已受聖師符籙常有天兵侍衛犬人杖盈恐天兵相阻盈罪愈加

重也父欲驗其言故杖之杖輒折成数十段如弓矢之
發中壁則壁穿中柱則柱陷父母始知其道成乃止後
二弟俱貴衷為西河太守固為武威太守並之官鄉里
送者数百人時盈亦在座笑謂賓曰吾雖不作二千石
來年四月三日送僕登仙當亦不減于今日也衆皆不
之許時宣帝初元四年也至期門前数頃地忽自平治
無寸草皆施青縑幄屋下盡鋪白氈可容数百人衆賓
並集大作宴會杳無使從但見金盤玉杯自至筵前美
酒奇殽異果不可名狀復有妓樂絲竹金石之音滿耳
蘭麝之香達数里外少頃迎官畢至朱衣玉帶者数百
人旌旗甲仗光采燿日盈乃與家人親友辭别登車乘

雲冉冉而去。時二弟在官。聞盈飛昇。皆棄官還家求兄
于東山。盈乃與相見曰。悟何晚也。今年已俱老。雖可補
復。縱得真訣。但只可成地仙耳。於是教二弟延年不死。
之法。令長齋三年。授以上道使存明堂玄真之氣。又各
授九轉還丹一劑。神方一局。各佩服之後亦成仙。居茅
山。世稱三茅真君。

屈處靜。漢邪陽人。楚白公之後。幼而悟道。絕迹人表。凡十
二年。一旦駕鶴而去。

魯妙典。九疑山女冠也。遇麓林道士授大洞黃庭經。入九
疑山十年。白日升天。

修羊公。魏人。華陰山石室中。有懸石榻。公卧其上石盡穿

陷公略不動。時取黃精食、漢景帝禮至之、使止王邸中。數歲道不可得、有詔問公何日發語。忽化爲白石羊。白如王。題脇曰、修羊公謝天子。後置羊於通靈臺。尋復去。

鮑叔陽廣甯人、爲趙王張耳之大夫。少好養生。服桂屑。與司馬季主俱往委羽山、師大玄仙女西靈子都、後尸解。

司馬季主、楚人。初賣卜長安市。後入委羽山大有宮師西靈子都。得服霜散。藏景化形之道。顏轉如少女。鬚三尺、黑如漆。時携弟子于范零子。入常山石室。室傍有石匱。將出遊。令零子守之。戒勿開。零子思歸。竊發。具見其家父母大小。乃悲逐季主。經數載。復令守一銅匱。又違戒。所見如前。竟不得道。季主臨解。留枕席如其身。家人累葬之蜀山南

巫炎字子都，非海人。漢武帝出遊渭橋，見子都頭上有紫
氣，高丈餘，帝召問曰：君年幾何。炎曰：臣今已一百三十
八歲。帝問有何道術，炎曰：臣年二十五時，苦腰脊疼痛
脚冷，口中乾苦，舌燥涕出，百節四肢皆痛，足痺不能久
立。得此道以來，已百十三年，有子三十六人，身體強健，
氣力轉勝壯時。帝曰：可得言乎。炎曰：臣誠知此道爲真，
然男女之事，臣子之所難言，又行之皆逆人情，樂此者
少，故不敢以聞。帝遂受法。炎年二百餘，白日昇天。武帝
後循行其法，雖未能盡用之，然得壽勝于他帝遠矣。
朱璜廣陵人，少病毒瘕，就睢山道士阮丘，醫丘憐之，曰：卿
若能除去腹中三尸，再得真人之藥，可度世也。璜曰：病

愈當為作儒二十年。不敢日還丘與璜七物藥日服九九百日。下如肝脾者數斗。養之數十日。肥健心意日覺開朗。又與老君黃庭經。令讀目三過。能會其意。丘遂與璜入浮陽山王女祠。八十年。白髮盡黑。鬚髮更長三尺餘。還家數年。復去至武帝末猶在焉。

劉安。漢高帝孫。封淮南王。好儒術方技。作內書二十一篇又著鴻寶萬年二卷。論變化之道。有八公往詣之門吏乃自以意難之曰。王上欲得延年却疾不老之道。中欲得博物洽聞精義之儒。下欲得勇敢武力扛鼎暴死橫行之士。今先生老矣。應無註書之術。賁育之勇。三者並乏。不敢相通。八公笑曰。聞王敬賢好士。吐握不倦。苟有一介莫不畢至古人貴九九之學養鳴吠之士且市馬骨致騏驥吾才雖鄙不合所求就今見王無益亦不為損柰何限之君王必欲見少年則謂之有道見垂白則謂之無能恐非發石取玉探淵索珠之謂也言畢皆變為十五歲童子露髻青鬒色如桃花於是門吏驚悚馳報王聞之不及履即跣足出迎登思仙之臺列錦綺之帷設象牙之床燔百和之香進金玉之几穿弟子之履北面拱手而言曰安以凡才少好道德八公皆復成老人曰聞王好道故來相從但未知王何所欲耳吾一人能坐致風雨立起雲霧畫地為江湖撮土為山岳一人能崩高塞淵牧虎豹致龍蛇役神鬼一人能分形易貌坐

在立亡，隱蔽三軍，白日盡暝；一人能乘虛步空，起海凌淵，出入無間，呼吸千里；一人能入火不焦，入水不濡，刃之不傷，射之不中，冬凍不寒，暑熱不汗；一人千變萬化，恣意所為，禽獸草木，立成轉徙，山川陵岳；一人能防災度厄，辟邪却害，延年益壽，長生久視；一人能煎泥成金，煅鉛為銀，水煉八石，飛騰流珠，乘龍駕雲，浮游太清；惟王所欲。安乃叩拜，躬進酒果，請歷試之，皆驗，遂授丹經及三十六水銀等方。藥成未服，而安有子名遷，好劍，郎中雷被與遷試劍，戲而誤中遷，遷被懼誅，上書告安謀反。尋伍被誅，事亦露，天子使宗正持節治安。八公告安曰：可以去矣，此乃天所以遣王，願王勿疑。於是與安登山，大祭。埋金於地。白日昇天。八公與安所踐之石皆陷。至今有人馬之迹存焉。所弃置藥鼎。雞犬舐之。並得輕舉。雞鳴雲中。犬吠天上。一云。安得鴻寶萬年之術。故兵解仙去。位太極真人。八公附

尹澄。字初默。後改名林。汾陽人。經行太山。見石上懸一青芝。夜望有光。採而服之。遂日行六七百里。又於峨眉山中遇仙人宋君。授以三皇內文。九丹秘訣。澄脩之大驗。遂能封山嶽。投符水中。水為逆流。又令洪濤頓息。暴死者。能令即活。治鬼怪。能使自縛來。年三百四十餘歲。漢昭帝元始元年。太微帝君遣仙官下迎。授為太微真人。

緱仙姑，長沙人，入衡山修道，年八十餘，孑然無侶，居傍南嶽魏夫人仙壇。忽一青鳥飛來，自言我南岳夫人使也，以姑修道精苦，命我為伴。每有人遊山，青鳥必預言其姓名。一日，曰：今夕有暴客至，姑無怖。果有群僧持火挺刃，欲害姑。姑在床上，僧不得見而出，俱為虎所殺。姑徘居湖南，鳥亦隨之。後隱九疑，莫知所終。

金申，潞城人，幼聰慧，復佯狂，遇異人授以太陰煉形之術，背單衣跣足，卧沐雪中，能預知水旱災祥壽殀。既卒，瘞百餘日，一夕雷霆大作，及旦視之，但見塚開數寸，惟留雙履、椶扇、薄衾而已。

王真、上黨人。孝武帝時。為郡史、年百歲、面有光華、履水赴
火、出入不由戶。廣有道術、後仙去。

李根、許昌人。宋趙買者、聞其父祖言。已見根。及買時、根年
當八十四。而根年少自若。有得根素書。讀之。其自記云、
漢元封中學道於某甲。計之已七百餘矣、

蘇耽、郴人。事母至孝。嘗遇異人。授神仙術。日侍膳。母思鮓。
即出市鮓以獻。問所從來。曰、便縣。母始異之。一日忽灑
掃庭除。母問其故。曰、仙道已成。上帝來召。母曰、汝仙去。
吾誰養。乃留一櫃。云、所需即有。又云、明年大疫。取庭前
井水橘葉救之。耽仙去。已而果疫。母日活百餘人。後耽
化鶴來郡城東北樓。時有彈之者。乃以爪攫樓板。似漆

書云城郭是人民非三百甲子一來歸吾是蘇耽彈我何為

東方朔字曼倩平原類次人嘗出經年兒曰汝經年一歸何以慰我對曰朔暫之紫泥海有紫水汚衣乃過虞淵湔洗朝發中還何云經年漢武帝時上書曰臣朔少失父母長養兄嫂年十三學書三冬文史足用十五學擊劍十六學詩書誦二十二萬言十九學孫吳兵法戰陣之具鉦鼓之教亦誦二十二萬言又常服子路之言臣朔年二十二長九尺三寸目若懸珠齒若編貝勇若孟賁捷若慶忌廉若鮑叔信若尾生若此可以為天子臣矣臣朔冒死再拜以聞朔文辭不遜高自稱譽上偉之

令待詔公車。又遷待詔金馬門。常待中。詔賜之食於前。食已。盡懷其餘肉。衣盡汙。數賜縑帛。擔揭而去。嘗用所賜錢帛。取少婦於長安中。好女率取。婦一歲所者。即棄去。更取。所賜物盡填之女子。人皆笑之。朔曰。如朔所謂避世於朝廷間者也。時酒酣據地歌曰。陸沉於俗。避世金馬門。宮殿可以避世全身。何必深山之中。蒿廬之下。朔將死。謂同舍郎曰。天下人無能知朔。知朔者。惟大伍公耳。朔亡。後武帝得此語。召大伍公問之。荅以不知。帝曰。公何所能。曰。頗善星曆。帝問諸星具在度否。曰。諸星皆在。獨不見歲星四十年。今復見耳。帝仰天嘆曰。東方朔在朕傍十八年。而不知為歲星。嘗慘然不樂。

稷丘君者泰山中道士髮白返黑齒落更生漢武帝時以
道術受賞賜後辭去上東巡泰山君冠章甫衣黃衣擕
琴來迎武帝曰陛下勿登山恐傷足指及數里左月梁
折上諱之但祠而還詔為君立祠復置百戶奉之。

李少君字雲翼齊國臨菑人好道入泰山採藥疾困遇安
期生以神樓散一匕與服即愈漢武帝郊祀少君以祠
竈辟穀却老方見上嘗從武安侯飲坐中有九十餘老
人少君歷言與其大父游射處一坐盡驚上有故銅器
問少君對曰此器齊桓公十年陳於栢寢已而按其刻。

果齊桓公器。一宮盡駭，以為少君神，真數百歲人也。對上言，祀竈則致物，致物，丹砂可化為黃金，黃金成，以為飲食器，則益壽，益壽，而海中蓬萊仙者乃可見，見之以封禪，則不死，黃帝是也。臣嘗遊海上，見安期生，食臣棗，大如瓜，於是帝始親祠竈，遣方士入海，求安期生之屬，為少君建第宅以居之。一日武帝夢與少君登嵩山，逢繡衣使者，乘龍從空中下，云太乙請少君，帝覺，語左右曰，如我夢，少君將舍我去矣，數日而少君病死，帝令發棺視之，惟衣冠在焉。

衛叔卿，中山人，服雲母得仙，漢儀鳳二年八月壬辰，武帝閒居殿上，忽有一人乘雲車，駕白鹿，從天而下，年可三十許。色如童子。羽衣星冠。帝乃驚問曰。為誰。答曰。我中山衛叔卿也。帝曰。子若是中山人。是朕臣也。可前共語。叔卿本意謂帝。謂帝好道。見之必加優禮。而帝乃云是朕臣。大失意望。默然不應。忽不知所在。帝甚悔恨。即遣使栢梁。求見其子度世。徑華山尋之。至其巔絕巖之下。望見其父。與數人博戲于石上。紫雲鬱鬱。白玉為床。有數仙童執節立其後。度世問其父曰。同博者誰。叔卿曰。洪厓先生。許由。巢父。王子晉也。我有仙方。埋所居柱下。叱度世歸掘之。得玉函。封以飛仙之印。乃五色雲母也。度世服之。亦仙去。衛度世 許由 巢父附

王興。陽城人。居壺谷中。不知書。初無學道意。漢武帝上嵩

山。登大愚石。起道宮。使董仲舒東方朔齋潔伺神。至夜半。忽有仙人長二丈耳出頭巔下至肩。漢武禮而問之。仙人曰。吾九疑之人。聞中嶽石上菖蒲一寸九節。服之長生。故來採耳。忽然失仙人所在。帝顧侍臣曰。彼非學道服食者。必中嶽之神以諭朕耳。因採菖蒲服之。經二年帝覺悶而止。時從官多服。然亦莫能持久。惟王興服之不息。遂得長生。隣里老小皆云世世見之。

黄安。代郡人。年萬歲餘。貌若童子。常服硃砂。舉身皆赤。不着衣。坐一神龜。龜廣三尺。時人問安坐龜幾年。曰。三千歲乃一出頭。我得龜以來。已五出頭矣。行則負龜而趨。世人謂安年萬歲。漢武帝聞其異。乃與論虛無神仙之事帝每盡禮焉及封泰山詔董謁李充孟岐郭瓊黃安五人同輦謂之五仙臣帝崩後即去不知所之。

車子侯扶風人漢武帝愛其清靜累遷至侍中。一朝語家人云我今補仙官此春當去至夏中當暫還少時果如其言。

郭瓊東方郡人形貌醜劣。而意度過人扶杖遊行。每寄宿人家輒乞薪自照讀書不眠主人有筒中秘書纖緯緘縢甚密而瓊皆能知之如悉覽然莫不服其神異聞瓊寄宿則閉戶塞門蓋恐知其家陰事瓊每至人家出袖中一把筭子。散置膝前則人家隱事皆知。或晝卧不開目行地無蹤袒裼如狂漢武帝見而異之。

太山老父者，莫知其姓名。漢武帝東巡狩，見老父鋤于道間，狀如五十許人，而面若童子，頭上白光高數尺。怪而問之。老父荅曰：臣年八十五時，衰老垂死，頭白齒落。有道士教臣絕穀，服朮，飲水，并作神枕，枕中有三十二物。其二十四物，以象二十四氣；其八物，以應八風。臣導行之，轉老為少，髮白更黑，齒落復生，日行三百里。臣今年百八十矣。武帝愛其方，賜之金帛。老父後入岱山中，或十年五年一還鄉里，三百餘年乃不復還也。

拳夫人，漢武帝妃，武帝巡狩，過河，見青紫氣自地屬天。望氣者以為其下有奇女，必天子之祥。求之，見一女子在空棺中，姿貌殊絕，兩手俱拳。帝令開其手，數百人擘莫能開。上自披手，即信。由是得幸，號為拳夫人，進為婕妤。居鈎弋宮。解黃帝素女之術，有寵。孕十四月，產昭帝。帝曰：堯十四月而生，鈎弋亦然。乃命其門曰堯母門。

魯生女長樂人。初餌胡麻，漸絕火穀。凡十餘年，少壯色如桃花。一日與知故別，入華山。後五十年，有識者逢生女乘白鹿，從王母游焉，復還家，謝其親里知故而去。

程偉妻者，漢黃門郎程偉之妻也。偉好黃白術，娶妻方氏。偉常從駕而無時衣，妻請致兩縑，縑無故至前。偉按枕中鴻寶作金，不成。妻即因偉爐中水銀，出囊中藥少許投之，即成金。偉大驚曰：道在汝處，而不早告我，何也。妻曰：得之須由命。偉乃日夜說誘之，賣田宅以供美食衣服。終不肯告。儒乃與其侶謀。欲杖逼之。妻輒知之。曰。傳道必當得人。如其人。雖道路相遇。當傳之。如非其人。雖寸斷而支解。終不傳也。遂佯狂。裸而走。以泥自塗。乃卒。尸解去。

壽光侯者。能劾百鬼衆魅。令自縛見形。有鄉人婦。為魅所迷。侯為治之。一大蛇長數丈。自死於門外。又有神樹。人止其下。輒死。鳥度必墜。侯往治之。樹盛夏枯落。有大蛇長七八丈。懸死樹上。漢武帝聞而召見。假試問之曰。吾殿下夜半後。常有數人。絳衣披髮。持火相呼。能治之乎。曰。此小怪。易爾。帝偽使三人為之。侯設法。三人登時仆地無氣。帝大驚。曰。非魅也。朕相試耳。解之。即甦。

史通平漢新莽時自會稽來蜀詣峨嵋山謁天皇眞人授以三一之法及五符訣遂居青神縣地置茅廬煉大丹龍虎成形餌之復廣行陰德功滿白日飛昇

馬明生臨淄人名和字君實少為賊傷殆死得遇太眞王夫人與藥一丸服訖即愈乃自號為馬明生隨夫人入岱山石室試以鬼怪狼虎不懼挑以美女不動夫人曰可教矣會安期生至夫人以明生付之作詩留別而去後得安期丹經神方入華山修煉漢靈帝時太傅胡廣訪以國事皆驗丹成餌之白日昇天

丁義瑞州人以神方授吳眞君女秀英亦成仙今瑞州崇元觀有秀英煉丹之所丹井具存焉 秀英附

莊君平福州有道人嘗與一老叟同室歲餘告之曰吾乃漢莊君平也取一書授之天明叟出不復歸視其書皆修身度世之說但記其書中有云事業與功名不直一杯水

薊子訓得神異之道既到京師公卿以下候之者坐上恒數百人皆為設酒脯終日不匱後遁去遂不知所之初去之日唯見白雲騰起數十處後人於長安東霸城見之與一老翁共摩挲銅人相謂曰適見鑄此而已近五百歲矣見者呼之曰薊先生少住並行相應視若遲徐而走馬不及。

焦先字孝然。河東太陽人。無父母兄弟。年一百七十。常食白石。日伐薪施人。從村頭一家起。周而復始。人或為具食。則食之。絕不與人語。若其門無人。則置薪于門間。便去。及魏受禪。居河之湄。結草為菴。冬夏袒露。垢汚如泥。數日一食。或忽老忽少。太守董經往視之。亦不與語。魏伐吳。或問其勝敗。孝然不荅。謬為歌曰。祝衄祝衄。非魚非肉。更相追逐。本為殺羘羊。更殺羖䍽。魏軍敗。人推其歌。羘羊指吳。羖䍽指魏也。後野火燒其菴。先危坐菴下不動。衣亦不焦。又更作菴。時天大雪。菴為壓倒。人往視之。不見先所在。謂已凍死。乃拆菴索之。見先熟卧于雪下。顏色休休然。如醉卧之狀。後二百餘年。乃與人別去。

不知所適。魏書、自羲皇以來。一人而已、陸雲焦生頌。焦

生卜居、在河之東、皓襟解帶。嘉卉結容。順神太素、淑思

玄沖。在彼黃堂明道固窮、

唐公昉。漢城固人。王莽居攝二年。公昉為郡吏、忽遇真人。

授以藥、拔宅仙去。或云、李八百居寒泉山。公昉師事之。

靈壽光、扶風人。年七十餘、得朱英丸方。合而服之、轉更少

壯。年如二十時、漢獻帝建安元年。光已二百二十歲、常

寄寓江陵胡田家。無疾而卒。田為殯埋之百餘日、人復

遇於小黃。附書與田。田得書。發棺視之、釘亦不脫、唯履

在棺內。

南陽公主下嫁王咸、綏和間。王莽秉政、謂咸曰。國危世亂。

但當退而修身。咸不能從。公主遂如華山。結廬精思丹道。歲餘。乘雲冉冉而去。咸追之。昇層嶺。漠然無迹。嶺上見遺朱履一雙。取之已化為石。後人名其峯曰公主峯。

陰長生新野人。漢和帝陰后之曾祖也。不慕榮位。潛心好道。聞馬明生得度世法。遂入諸名山求之。至南陽太和山中。得見明生。師事之。明生不教以度世之道。但旦夕與談當世事。十餘年。長生不少怠。時共事明生者十二人。皆怨恚而去。獨長生禮敬彌篤。積二十年。明生始問其所欲。長生跪曰。乞生爾。明生哀其語而告之曰。子真求道者也。始將長生入青城山。煑黃土為金以示之。即日授以太清金液神丹。乃別去。於是長生入武當山石室中。合丹。先服半劑。未即昇天。乃大作黃金數萬斤。以施天下窮乏。施盡。再服丹半劑。白日昇天。

有象列仙全傳卷之二終

丁令威

李八百

宋倫

王子

太陽子

太陰女

太玄女

墨子

祝雞翁

皇太姥

古丈夫
毛女
古丈夫

黃石公
黃石公

控鶴仙人

茅濛

簫史

蔡女仙

白石生

涉正

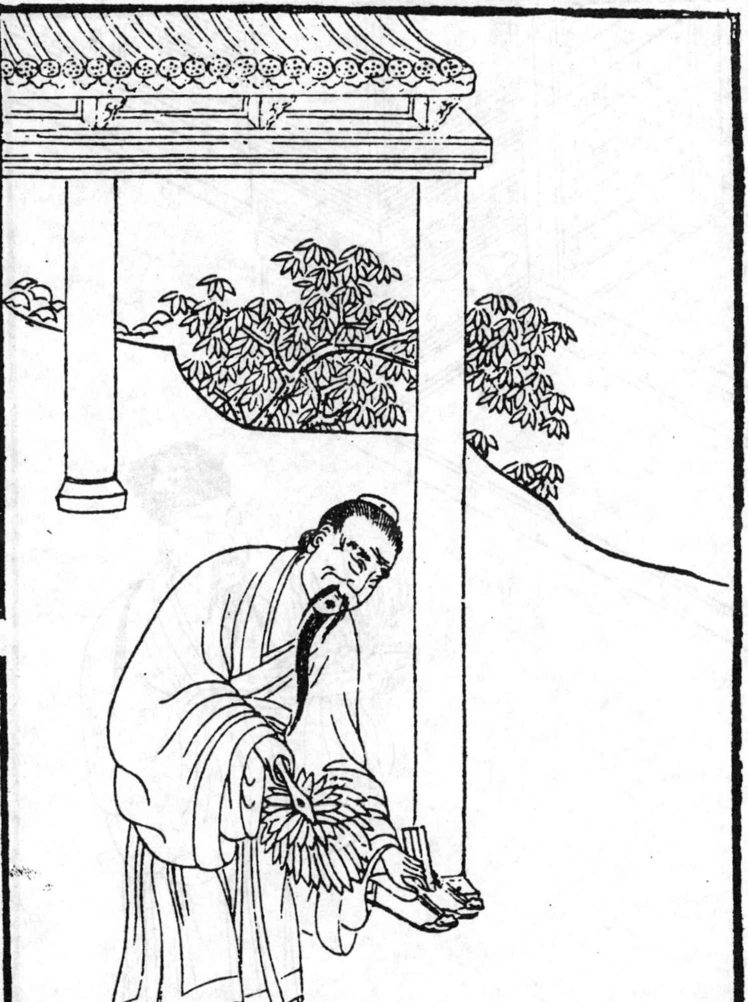
安期生

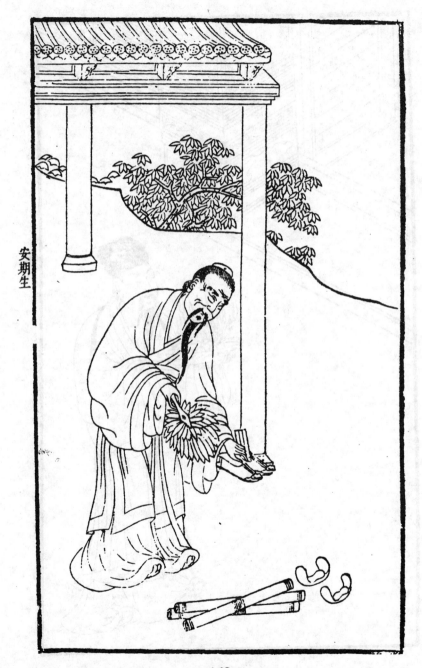

朱仲

茅盈

脩羊公

司馬季主

劉安

緱仙姑

金申
金申

蘇耽

東方朔

稷丘君

衛叔卿

郭瓊

太山老父

程偉妻

焦先

南陽公主

有象列仙全傳卷之三

吳郡　王世貞輯次
新都　汪雲鵬校梓

王褒。字子登。范陽人。漢安國侯七世孫。少好道。入華山九年。一日夜半忽聞林澤中有人馬簫鼓之聲。須臾漸近。見千乘萬騎。浮空而至。神人乘雲車。手把虎符。停車而呼褒曰。吾太極真人西梁子文也。聞子好學勤勞。故來語汝。汝名登上清。他日位當小有司掌寳籍。為天王之任。但注心四景。勤慕三乘。道自成也。後隱洛陽山中。得遇南極夫人。西城真人。授以太上寳文。大洞真經等書。携褒觀玄洲。俄頃而至。四面太海。懸濤千丈。洲上宮闕樓觀悉。皆瓔瑶。謂褒曰此仙都也。太上丈人處之。又攜褒入紫極宮見丈人。丈人着流霞羽袍。冠芙蓉之冠。腰帶神劍。手把大鈴。侍女數百。太上丈人謂西城真人曰彼所謂王子登者乎。既幸遇良師。將得之矣。真人因命褒拜。拜畢。丈人乃授以上清隱書龍文。八靈真經二卷。雲碧陽水。晨飛丹腴二升。褒拜服之。由是道成。上帝賜以飛飈羽車。遍歷群仙洞府。盡傳天書秘要。上清王晨帝君賜以寶芝食之。即身成金色。項映圓光。授為太素清虛真人。領小有天王。居王屋山洞天之中。給玉童玉女各三百人。主領上清玉章。及九天玄文。六合秘籍。龍輦虎旂。玉輪金蓋。出入上清。受事太素。宴寢太極也。

王仲都漢人也初為道士學道於梁山遇太白真人授以虹丹能禦寒暑二百餘年漢元帝召至京師試其方術冬月令仲都單衣乘駟馬車於上林昆明池環水馳走帝御狐裘而猶覺寒仲都貌無變色背上氣蒸蒸然又當盛夏圍以烈火口不稱熱身不流汗後仙去孫思邈後於峨眉山棲真習道仲都與三五人假為獵夫過其居試之因論長生之旨遂授思邈道焉

欒巴成都人得仙道後漢朝為尚書正月朔日朝見帝賜酒不飲向西南噀之有司彈奏不敬巴謝曰臣本縣城東有火患故噀酒以救之數日成都果奏火災得雨從東北來遂息雨中作酒氣

徐登漢福州人於永泰縣高盖山得仙類要云徐登與東陽趙丙鬪仙術處即其山也。

陵陽子明姓竇漢銍鄉人釣魚於涎溪得白魚腹中有書。即教子明服食之法子明遂上黄山採五石脂服之三年龍來迎去唐詩白龍已謝陵陽去黄鶴還來喚子安

張惠明漢趙郡人結廬中條遇混元子受高奔之道行之超群唐太宗召致醮有感封妙濟大師尋至西嶽尸解。

雞窠小兒錢易洞微志云李貞為承旨奉使過海至瓊州道逢一翁自称楊遯舉年八十一。其父叔皆年一百二十餘又見其祖宋卿年一百九十五復見雞窠一小兒出頭下視宋卿曰此九代祖忌不食不語。不知其年。

瞿武，後漢人，七歲絕粒，服黃精紫芝，入峨眉山，天竺真人授以真訣，後乘白龍而去，今蜀猶有瞿君祠。

上成公，寗縣人，棄家訪道，日久後歸，語其家人曰，我已得仙，因辭訣，家人見其舉步漸高，凌虛御空，良久乃沒，陳寔韓韶共見其事。

范幼沖，遼西人，曾為漢尚書郎，善解地理，得胎化易形之道，旦旦存青白赤三氣，各如綖，從東方日下直入口中，挹之九十過，覺飽便止，行之十年，身中自有三色之氣，遂得昇仙，此高元君太素內景法，真誥范監者，即其人也。

毛伯道，劉道恭，謝稚堅，張兆期，皆後漢時人，同入王屋山，學道四十餘年、共合神丹。伯道先服、即死、道恭服之、亦死、稚堅兆期不敢服、并藥而歸、未出山、遙見伯道道恭各乘白鹿在山上。仙人執節從之。二人悲愕悔謝、道恭授以服茯苓方。二人後亦度世。

方回。道成、為人刼閉窖室中。欲傳其道。回化身而去、更以一丸泥封其戶。以方回印印之。

陳永伯。南陽人、得淮南王七星散方。服之二十一日忽然不知所在。永伯兄子名增族、年十七。亦服之、其父繫其足、閉於窖戶中。晝夜使人守視。二十八日亦復不見、莫知所之、本方云。服之三十日得仙。由是後人不敢服、二人仙去時、俱有仙官來迎。但人不之見耳。

趙丙後漢東陽人。嘗遊行。每遇故人。便酌水為酒。削一物為脯。皆得醉飽。嘗至渡頭求船不得。乃布席於水而渡。呪枯樹便生花蘂。

董仲。漢董永子也。母乃天之織女。故仲生而靈異。數篆符鎮驅邪怪。嘗游京山潼泉。以地多蛇毒。書二符以鎮之。其害遂絕。今篆石在京山之陰。後仙去。

陳安世。京兆人。禀性慈仁。家貧。為權叔本家傭賃。叔本好道。有二仙人託為書生。從叔本游。叔本意怠。二仙曰。幾成而敗矣。見安世篤實。曰。汝好仙乎。曰好。二仙與約明日早會大樹下。三期皆早至。乃以藥二丸與之服。遂不復食。但飲水。叔本知其得仙。反師事之。後安世竟仙去。

莊伯微漢人、少好道、不知求道之方。惟以日入時、西北向閉目握固、想崑崙山、積三十年。得見崑崙山仙人、傳以金液方、合服得道。

東郭延、山陽人、服靈飛散、能夜作書。坐冥室中、身上生光。照耀一室、又能望見平地數十里小物、凡見人、即能逆知其死生。一知其言、年四百歲、絶無老狀。一旦有數十人來迎之、比鄰盡見、乃與親故辭別而去。云詣崑崙山去。

華子期、淮南人、師禄里先生、受隱仙靈寶方。一曰伊洛飛龜秩、二曰伯禹正機、三曰平衡方。按合服之日、以還少、一日能行五百里、力舉千斤。一歲十二易其形、後乃仙蘇林字子玄濮陽人少禀異操訪真之志彌篤嘗負擔至趙師琴高先生時年二十一受煉氣益命之道琴高初為周康王門下舍人以內行補精術及丹法能水遊時已九百歲唯不死而已非飛仙也或乘赤鯉入水或出入人間而林託景丹霄志不終此後改師華山仙人仇先生仇先生者湯時木正也服胎食之法於還神守魄之事大得其益先生曰子真人也當學真道我迹不足躡也乃致林於涓子涓子見之遂授以真訣曰欲作地上真人必先服藥除去三尸殺滅穀虫三尸者一名青姑伐人眼令人目暗而皺口臭齒落盖由此青姑之氣穿鑿泥丸也二名白姑伐人五臟令人心耄氣少喜亡

荒悶蓋由白姑貫穿六腑之液也三名血姑伐人胃管
令人腸輪煩懣骨枯肉焦志意不開所思不固失食則
飢悲愁感嘆精神昏怠蓋由血姑流噬魂胎之關也若
不去三尸而服藥者谷食雖斷虫猶不死徒絕五味雖
勤吐納亦無益焉若虫生而求人不死不可得也故凡
欲求真當先服制虫丸制虫丸者一名初神去本丸也
欲作真人當先服制仙丸制仙丸者太上八瓊飛精之
丹也子當急修服之一日忽語林曰我被帝召上補中
黄四司大夫領北海公今當去矣去後林乃扵涓子寢
室得書一幅乃遺林者其文曰五斗十三一大帝所秘精
思二十年三一相見授子書矣但有三一長生不滅況

復守之乎。能存三一。名刋玉札。況三一相見乎。吾餌术
養精三百年。服氣五百年。精思六百年。守三一三百年
守洞房六百年。守玄丹五百年。中間復周遊名山。回翔
四岳。休息洞室。守形思真二千八百餘年。今始被召。上
補天位。子其勗之。林省書流涕。乃奉法精修。道成。周遊
天下。分形散影。寢息丘陵。賣履市巷。以試世人。人莫能
識也。漢元帝神爵二年三月六日。語弟子周季通曰。我
昨被玄洲召為真人。上領太極中候大夫。今別汝矣。明
旦果有雲車羽盖。驂龍駕虎。侍從數百人。迎林。林即日
登天冉冉從西北而去
仇先生附

江妃二女不知何許人時鄭交甫出遊江湄逢二女解所
佩雙明珠與之交甫行數十步女忽不見珠亦隨失
劉根京兆長安人漢成帝時入嵩山學道遇神人授以秘
訣遂得仙用術濟人潁川太守史祈以為妖欲戮之遣
吏召根至府曰能召鬼即至不爾當戮根曰甚易但借
筆書符須臾見兵甲縛二囚廳前祈熟視乃父母也即
驚伏流涕鬼責祈曰汝何得罪神仙乃累親至此太守
伏罪求赦方解根遂不見一云根初學道到華山見一
人乘白鹿從十餘玉女根稽首乞一言仙人曰汝聞有
韓衆否曰聞之仙人曰我是也
谷春櫟陽人漢成帝時為郎疾死而尸不冷家為棺殯猶

不敢下釘三年更着冠幘坐縣門上邑中人大驚報家人迎之不肯歸發棺有衣無尸。留門上三日。去之長安。坐横門上家人知而追之復去之太白山後立祠于山上春時間來祠中宿焉。

梅福字子真壽春人仕漢為南昌尉。見王莽專政乃嘆曰生為我酷形為我辱知為我毒身為我桎梏遂棄家求仙遍遊鴈蕩南閩諸山。至仙霞山遇空同仙君授以内外丹法。入雞籠山修煉不成。乃至劒江西嶺再遇空同仙君自雲中而降謂福曰汝緣在飛鴻山也福遂往飛鴻山結菴修煉丹成趣裝復還壽春。一日紫霧浮空雲中樂奏金童玉女捧詔控鸞。從空而下福拜詔辭家。乘青鸞飛昇而去。史云。梅福知王莽必篡漢祚。一朝棄妻子去。不知所之。後人見福於會稽。變姓名為吳門市卒。今城中有吳市門。即其隱處。宋元豐間。封壽春真人。

龍述。字伯高。京兆人。漢建武中。為零陵太守。後于金山得神芝。實大如梧桐子。伯高治而服之。日餌一刀圭。服二年得仙。尸解去。

姚光。不知何許人。得神丹。能分形散影。坐在立亡。火之不焦。刃之不傷。吳主親試之。積柴數千束。令光坐其中。四面發火。煙焰蔽天。觀者盈都下。咸謂光必煨燼矣。火息。光從灰中振衣而起。神容晏如也。手把一卷書。吳主讀。不能解。後復見于唐武德中。

魏伯陽，吳人，性好道術，不樂仕宦，乃入山作神丹。時三弟子，知兩弟子心不盡誠，丹成，試之曰：金丹雖成，當先試之犬，犬無患，方可服；若犬死，不可服也。伯陽入山時，曾攜一白犬自隨。凡丹數轉未足，和合未至者，稍有毒，服之則暫死。伯陽即以丹與犬食之，犬即死。伯陽曰：作丹未成，今犬死，無乃未得神明之意耶，服之恐復如犬，奈何。弟子曰：先生服之不。伯陽曰：吾背違世路，委家于此，不得仙，吾亦恥歸，死與生同，吾當服之。伯陽服丹，入口即死。一弟子曰：師非凡人也，服丹而死，得無有意乎，亦服之，入口亦死。二弟子乃相謂曰：作丹求長生，爾今服丹即死，不如不服，尚得數十年活。遂不服，乃共出山，欲為伯陽及死弟子求殯具。二人去後。伯陽即起。將煉成妙丹納死弟子及犬口中。須臾皆活。於是將服丹弟子姓虞者。同犬仙去。逢入山伐薪人。作手書寄謝二弟子。弟子見書始大懊惱。伯陽嘗作參同契五相類。凡二卷。其說似解周易。其實假借爻象以寓作丹之旨。

虞生附

王老。村居慕道。有老道士造之。留月餘。忽遍身瘡瘍。謂王老曰。得酒數斛浸之方愈。王老遂置酒滿甕。道士坐甕中。三日方出。鬚髮皆黑。顏如少童。謂王老曰。能飲此酒。可仙去。時正打麥。王老全家飲之。須臾皆醉。忽風動雲蒸。一時舉舍皆昇天而去。時人猶聞空中打麥聲。

張道陵字輔漢。子房八世孫。身長九尺二寸。龐眉廣顙。朱頂綠睛。隆準方頤。目有三角。伏犀貫頂。玉枕峯起。垂手過膝。美髭髯。龍蹲虎步。豐下銳上。望之儼然。漢光武建武十年。生於天目山。母初夢大人。自北魁星中降至地長丈餘。衣繡衣。以蘅薇香授之。既覺衣服居室皆有異香。經月不散。感而有孕。及生日。黃雲籠室。紫氣盈庭。室中光氣如日月。復聞昔日之香。浹日方散。七歲通道德經天文地理河洛圖緯之書。皆極其奧。舉賢良方正。身雖仕而志在修煉。無何隱北邙山。有白虎銜符文置座傍。和帝徵為太傅。封冀縣侯。三詔不就。入蜀。愛蜀中溪嶺深秀。遂隱於鶴鳴山。山有石鶴。每鳴則有得道者。道陵居此苦節學道嗇氣養神鶴乃鳴弟子有王長者習天文通黃老相與煉龍虎大丹一年有紅光照室二年有青龍白虎遶護丹鼎三年丹成真人年六十餘餌之若三十許人行及奔馬與王長入北嵩山遇繡衣使者告曰中峯石室藏上三皇內文黃帝九鼎太清丹經得而修之乃昇天也於是真人齋戒七日入石室足所履處登然有聲即掘其地取之果得丹書精思修煉能飛行遥聽得分形散影之妙每泛舟池中誦經堂上隱几對客杖藜行吟一時並赴人皆莫測其靈異西城房陵間有白虎神好飲人血每歲其鄉殺人祭之真人召其神戒之遂滅又梓州有大蛇鳴則山石振動時吐毒霧

行人中毒輒死。真人以法禁之。不復為害。順帝壬午歲正月十五夜。真人在鶴鳴山。夢覺。惟聞鏗佩珊珊。天樂隱隱。香花覆地。紫雲滿空。瞪目東瞻。見紫雲中素車一乘。駕五白龍。車傍旌旗。儀衛甚盛。車中一神人。容儀若氷玉。手執五明寶扇。項負八景圓光。身丈六餘。神光照人。不可正視。車前一人勅真人曰。子勿驚怖。即太上老君也。真人禮拜。老君曰。近蜀中有六大鬼神。枉暴生民。深可痛惜。子其為吾治之。使晝夜各分。人鬼有別。以福生靈。則子功無量。而名錄丹臺矣。乃授以正一盟威秘籙三清衆經九百三十卷。符籙丹竈秘訣七十二卷。雌雄劍二把。都功印一枚。冠衣方裙朱履各一副。且曰。與子千日為期後會閬苑。真人乃叩頭領訖。日味秘文。按法遵修。千日內顧五臟。外集三萬六千神。又感玉女教以吐納清和之氣。攝伏精邪。符籙中三步九迹魁罡七元交乾履斗之道。隨其所指。隱遁出沒皆得自然。時有八部鬼帥。各領鬼兵。動億萬數。周行人間。劉元達領鬼行雜病。張元伯行瘟病。趙公明行下痢。鍾子季行瘡腫。史文業行寒瘧。范巨卿行酸痟。姚公伯行五毒。李公仲行狂魅赤眼噓毒嘯禍。暴殺萬民。枉夭無數。真人奉老君誥命。佩盟威秘籙。往青城山。置琉璃高座。左供大道元始天尊。右置三十六部真經。立十絕靈幡。周匝法席。鳴鐘扣磬。布龍虎神兵。衆鬼即挾兵刃矢石來害真人。

真人舉手一指化為一大蓮花拒之鬼衆復持火千餘炬來真人舉手一指鬼反自燒遥謂真人曰師自住峨嵋山何為來侵奪我居處真人曰汝等殘害衆生所以來伐汝擯之西方不毛之地奉老君命也元達等聞怒乃會鬼帥兵馬各千萬衆精甲犀刃上山圍逩真人以丹筆遥畫一陣鬼衆皆仆八大王叩頭求生真人以丹筆倒書之鬼衆復蘇真人呼鬼王曰汝等進前聽吾處分自今速當遠避勿復行病人間如違即當誅戮無留種鬼王曰降災下民本自隸我奈何盡奪願分一半真人不許叱退之鬼王不服次日復會六大魔王率鬼兵百萬環攻王長曰鬼甚衆奈何真人曰子無恐吾即却

之復以丹筆一畫衆鬼復死。惟六魔王仆地不能起。仍扣頭求生。真人不顧。復以丹筆一裁此山。遂分為二。六魔王欲度不能。始大聲哀求云。自今而去。不敢復來。乞往西方娑羅之國而居止焉。真人乃許可之。倒筆再畫。八師六魔群鬼悉起。真人命王長肩一大石為橋度之。然群鬼雖攝伏。真人猶欲服其心。謂之曰。試與爾各盡法力。元達等曰。惟命是聽。真人投身入大火中。即足履青蓮而出。鬼師投火。為火所燒。真人入木。身度木外。木即隨合。鬼師投木。即墜地。真人入水。乘黃龍而出。鬼師入水。為水所溺。真人以身入石。透石而出。鬼師投石。纔入一寸。真人以身入鐵山。透山而出。鬼師纔入半寸。真人呪神符一道左手指之鬼斃右手指之復生鬼帥左右指無生無死元達等化八大虎犇攫而來真人化一獅子逐之虎奔走鬼帥又化八大龍欲來擒師真人化金翅鳥啄龍目睛八龍爭遁鬼帥又化大神雙持大撾欲擊真人真人化作金剛身長七十二萬丈廣五十三萬圍戴大冠頁圓光具十二種無量相擊大神大神退走鬼帥等身高十二丈即墜真人騰空高百餘丈上無所攀下無所乘鬼帥作五色雲昏暗天地真人化五色日炎光輝灼雲即流散鬼帥變化技窮真人乃化一大石可重萬餘斤以藕絲懸之鬼帥營上令二鼠爭齧其絲欲墮鬼帥同聲哀告乞餘生遠去再不虐害生民真

人遂命五方八部六大鬼神會盟于青城山使人處陽明鬼行幽暗六大鬼王歸於北酆八部鬼帥竄於西域鬼衆猶躊躇不去眞人乃口勅神符一道飛上層霄須臾風雨雷電刀兵畢至群鬼滅影而遁眞人至蒼溪縣雲臺山謂王長曰此山乃吾成功飛騰之地也遂卜居修九還七返之功一日復聆昔日鑾珮天樂之音眞人整衣叩伏見老君千乘萬騎來集雲際徘徊不下眞人再拜泣曰臣夙昔承寳蔭親授秘文乃奉天威戰鬼行化功成退居於此今飈駕再臨不我下降意者大道難臣臣其爲尸敗乎老君乃命使者告曰子之功業合得九眞上仙吾昔使子入蜀但奪鬼幽獄區别人鬼以布

清淨之化而子殺鬼過多又擅興風雨役使鬼神驅馳
星斗震蕩山川陰景翳晝殺氣織空殊非大道好生之
意上帝正責子之過所以吾不得近子也子且退居勤
行修謝日月二十八宿二十四氣陰陽本命主者謝過
之後更修三千六百日吾待子於無何有鄉上清八景
宮中言訖聖駕昇去真人遂依告文與王長遷鶴鳴山
謂弟子趙昇曰彼處有妖怪當往除之及至值十二神
女于山前笑迎姿態妖艷因問曰此地有鹹泉何在神
女曰前大湫是毒龍處之真人迺以法召之毒龍不出
遂書一符化為金翅鳥向湫上盤旋毒龍驚舍湫而去
其湫即竭遂得鹹泉後居民煮之有塩十二神女各出

一玉環來獻曰。妾等願事箕帚真人受其環以手綰之。十二環合而為一。謂曰吾投此環于井中。能得之者應吾夙命也。神女競解衣而入井爭取玉環。真人遂掩之。盟曰。令作井神。無得復出彼方之民。至今不懼神女之害。而獲鹹井之利。後以真人諱。旌其州。今陵州是也。過宋江。其中多異物為害。乃書大山篆符以鎮之。其害遂絕每水涸。人猶見其符。摹歸以屏妖惡。真人重修二十年。乃復領趙昇王長往鶴鳴山。一日午時。忽見一人朱衣。青襟。曳履執板。一人黑幘絹衣。佩劍捧一玉函。進曰奉上清真符。召真人遊閬苑。須臾前後從引千乘萬騎紛然而來。中有黑龍駕一紫輦。玉女二人。引真人登車。

旋踵至闕闕榜云。擬太玄都正一真人闕。真人既至。群仙禮謁。良久。忽二青童引群仙。皆朱衣絳節前導。曰老君至矣。從者二人。可二十許。或曰。此子房子淵也。乃相與騰空而上。至一殿。金堦玉砌。或謂真人曰。將朝太上元始天尊也。真人整衣趍進。望見殿上圓光照人。不可正視。移時。殿上勑青童諭真人以正一盟威之法使世世宣布。為人間天師。拜真人為太玄都正一平炁三天扶教輔元大法師。勑還人間。勸度未悟。仍密諭飛昇之期。真人受命。乃復返渠亭赤石崖舍。出三天正一秘法。付王長趙昇於離沅山中敷演其法。次還陽平山。以飛仙輕舉之法。付嗣師。仍還鶴鳴山。桓帝永壽元年正月七日。五更初。長昇見空中一人。駕雲車。大聲言曰。張道陵功已行就將授以秘籙。言訖。老君駕龍輿命真人乘白鶴。同往成都。重演正一盟威之旨。說北斗南斗經。畢。老君復去。真人欲留其神跡。乃於雲臺西北半崖間舉身躍入石壁中。自崖頂而出。其山因成二洞。今崖半曰峻仙洞。崖上曰平仙洞。九月九日。在巴西赤城渠亭山中。上帝遣使者持玉冊。授真人正一真人之號。諭以行當飛昇。真人乃以盟威都功等諸品秘籙。斬邪二劍。玉冊玉印。以授其長子衡。戒之曰。此文總統三五步罡。正一之樞要。驅邪誅妖。佐國安民。世世一子紹吾之位。非吾家子孫。不傳。謂長昇曰。尚有餘丹。二子可分餌之。今

日當隨吾上昇矣亭午群仙儀從畢至玉女二人引真
人夫人雍氏升登黑龍紫輿天樂擁導於雲臺峯白日
昇天時真人年一百二十三歲也今其子孫世襲真人
居於江西廣信府貴溪縣之龍虎山

劉晨剡縣人漢永平中與阮肇入天台山採藥路迷不得
返經十三日飢渴偶望山上有桃樹子實共取食之飢
止體充下山取澗水飲見一杯流出中有胡麻飯焉二
人喜曰此近人家矣遂度山出一大溪溪邊有二女子
色甚美見二人持杯顧笑曰劉阮二郎捉杯來耶劉阮
異之二女遂懽然如舊相識曰來何晚即邀還家南壁
東壁各有羅帷絳帳帳角懸鈴上有金銀交錯各有侍

婢便令具饌有胡麻飯山羊脯牛肉甚甘美食畢行酒俄有群女持桃子笑曰賀汝婿來酒酣作樂夜半各就一帳宿婉態殊絕至十日求還苦留半年氣候草木常似春百鳥啼鳴歸思更切二女曰罪根未滅使君等至此遂相送指示還路及歸鄉邑零落已七世矣再往女家尋覓不獲晉太康八年失二人所在

沈文泰九疑人得紅泉丹砂去土符延年益命之方服之有效欲之崑崙留安息二十餘年嘗語李文淵曰但服土符而不服藥行道無益也文淵因得秘要後亦昇仙後世以竹根汁煑丹及黃白去三尸法出此二仙矣

李文淵附

王喬河東人漢明帝時為尚書郎出為葉令漢法畿內長
史節朔還朝喬每月朔旦常自縣來朝帝怪其來數而
不見車騎密令太史伺望之言其臨至輒有雙鳧從東
南飛來於是候鳧至舉羅張之得二舄焉乃所賜尚書
官屬履也每當朝時葉縣門外鼓不擊自鳴聞于京師
後天下玉棺於堂前吏人推排終不移動喬曰毋乃天
帝召我耶乃沐浴服飾寢其中蓋便立覆勿于城東自
成墳其夕縣中牛皆流汗喘乏而人無知者百姓為之
立廟號葉君祠祈禱輒應
蕭綦漢末彰德人修道天平山延壽宮善吹簫能致鳳鸞
翔集號碧霄真人道成白日冲舉

王遠字方平東海人任漢至中散大夫博學兼明天文圖讖河洛之要能逆知吉凶桓帝連徵不出後詔郡國逼至京低頭閉目不肯荅語乃題宮門扇四百餘字皆言方來事帝惡之使人削去外字適去內字復見墨深透木寄寓太尉陳耽家四十餘年耽家絕無疾病死喪一日語耽云吾期運當去不得復停明日日中當發至時方平死耽知其化去未敢殯斂但悲涕焚香三日三夜失其所在衣帶不解如蛇蛻方平去後百餘日耽亦薨或謂耽得方平之道亦化去

蔡經姑蘇人漢桓帝時仙人王方平降其家曰汝當得度世故來教汝但汝氣少肉多未能即上天當作尸解須

臾經如從狗竇中過。方平告以要言。乃去。經後忽身發熱如火。三日肉消骨立。乃入室以被自覆。忽然失其所在。視其被中。但有形如蛇蛻。後十餘年。忽還家。尸解時已老。今復少壯。鬢髮盡黑。語家人曰。七月七日王君復來。當作酒數百斛以待。其日方平果來。舉家聞金鼓簫管之聲。方平著遠遊冠。五色綬。帶劍。面黃色。少鬚。乘五龍車。車各異色。前後麾節旌旗導衛。如大將軍。侍從旣至。從官皆隱。經父兄衆畢。方平乃遣人迎麻姑。麻姑即方平之妹也。少頃。麻姑至。經舉家見之。是好女子。年可十八許。頂中作髻。餘髮散垂至腰。錦衣繡裳。光彩耀目。皆世所無有。坐定。自進行廚。擗麟脯。器皆金玉。麻姑欲見經母及經婦時經婦新產方數日麻姑望見乃知之曰噫且止勿前索少許米來擲地皆成丹砂方平笑曰麻姑猶作少年戲也姑云接行以來東海三為桑田蓬萊水又淺矣方平亦曰聖人皆言海中行復揚塵也麻姑手似鳥爪蔡經私念背痒時得此爪搔之佳方平即知乃鞭經背曰麻姑神人也汝謂其爪可搔背痒耶方平去經家所作數百斛酒皆盡亦不見人飲之也父母私問經王君常在何處經曰常在崑崙羅浮括蒼三山三山皆有宮室王君常平天曹事一日之中與天仙往還者數十過也王君出入常乘一黃麟所至山海之神皆來奉迎後經仙去仍暫歸省家如蘇耽云麻姑附

子英者。舒鄉人。善入水捕魚。得赤鯉。愛其色好。養之池中。一年。長丈餘。遂生角與翼。子英怪異。拜謝之。魚言我來迎汝。令日與汝俱昇天。即大雨。子英上魚背飛昇而去。歲歲來歸。仍與妻子同飲食數日。魚復來迎之。如此七十年。故吳中有子英祠云。

于吉。琅琊人。精修苦道。忽得癘疾。晨夕告天。誠感老君。令仙翁授吉經。曰。非但愈疾。當得長生。化行天下。吉得之。疾遂除。凡消災治病。無不立驗。後老君數降。親授其旨。孫策平江東。將士多病。請吉。噀水即差。策惡之。天久旱。乃縛吉暴日中。即大雨。策忌而殺之。俄失其尸。周旋人間。復百餘年仙去。

宮嵩琅琊人師事仙人于吉服雲母數百歲面色如童後
入紵嶼山仙去
董奉字君異侯官縣人蜀先主時有本縣長余姓者方少
年見奉年已三十餘矣不知其有道也罷去五十年復
為他職經侯官諸吏人皆往謁故長奉亦同往余宿識
奉問曰君莫得道耶昔在縣時年幼於君今已衰白而
君猶少何也奉曰偶尒後奉游交州州刺史杜燮得毒
病死已三日奉以三丸藥內燮口中令人舉頭搖而消
之食頃燮開目動手足顏色漸還半日中能起坐後四
日始能語云死時奄然如夢見數十烏衣人來收之將
載露車上去入大赤門徑以付獄獄各一戶戶纔容一

人以燮內一戶中似以土外封之不復見恍惚間有一人言太一使者來召杜燮聞人以鍤掘所閉戶引出之見外有車馬赤蓋三人共坐車上一人持節呼杜燮上車將還至門而覺燮既活乃為奉起高樓于中庭奉所飲食唯啖脯棗多喜飲酒一日三為設之奉每來燮處飲食下樓時如飛鳥便來到座不覺其下其上樓亦然後求去燮涕泣留之不許因問曰君欲何之當為具大船也奉曰不用船但用一棺器耳燮即為具之至明日日中時奉死燮使人殯埋之七日有人從岩昌來者云見奉寄言為謝杜侯好自愛重燮開棺視之但見一帛丹書一符奉後還廬山下居有一人病癩垂死自載詣

奉叩頭乞哀奉使病者坐一空室中以五重布掩其目勅家人莫近無何病人云似有一物來舐之痛不可堪度此物舌當一尺許其氣息大小如牛舐竟乃去竟不知何物奉乃往解病人之布以水與飲遣去云不久當愈且勿當風十數日間病者身體通赤無皮甚痛欲水浴即不復痛二十餘日即皮生如凝脂後嘗大旱百谷焦枯縣令丁士產謂綱紀曰董君有道必能致雨乃自齎酒脯見奉奉曰雨易得爾因仰視其屋曰但家貧屋漏柰何縣令解其意即遣人為奉造屋當泥塗使人取水作泥奉曰不煩運水日暮自當雨也夜果大雨高下皆足奉居山間呪水治病不取錢物重病愈者但使栽

杏五株輕者一株如此數年計得杏七萬餘根森然成
林山中群獸遊戲樹下竟不生草有如耘治也杏每熟
時奉於樹下作一簞倉語人曰欲買杏者不須來報徑
自取之但將穀一器置倉中即自取杏一器每有納穀
少而取杏多者即有虎隨後逐之其多取杏即傾覆地
上虎即還去有偷其杏者至家即死其家速送杏還叩
頭謝過即活自是買杏更無欺者奉以其所得糧穀賑
救貧窮供給行旅歲消三千斛穀尚有餘縣令親故家
有女為精邪所魅諸術不能治乃語奉曰君若能愈之
即當以此女傳巾櫛奉乃召勅諸魅有大白鼉長丈六
尺陸行詣病者門奉勅使者斬之女病輒愈遂以女妻

之父無兒息奉每出行妻不能獨住乃買一女伴之奉一旦受上帝命授碧虛太一真人白日飛昇婦及養女猶守其宅賣杏取給有欺之者虎逐之如故後人即於其種杏處建祠祀之。

封衡隴西人幼學道得真訣服黃連五十年入山採藥百餘年還鄉里聞有病者輒以腰間竹筒藥與之立應復周游天下駕一青牛鬼物遇之莫不竄避魏武帝召問養性大畧衡曰藏思慮節嗜欲而已所著有養氣術隱形法衛生經數十卷。

介象字元則會稽人通五經百家之言能屬文精修道法入東嶽受禁制之術能茅上爇火煑鷄鷄熟而茅不焦

能令一里內不炊不蒸雞犬三日不鳴不吠能令一市
人皆坐不起能隱形變化為草木鳥獸嘗遠遊數千里
求仙不值乃入山精思冀遇仙疲極卧石上有一虎欲
噬象象寤見虎謂之曰若天使汝來侍衛我汝且停若
山神使汝來試我汝速去後入穀山見石子有紫光大
如雞子因取兩枚穀水深不得度還見一美女年十五
六許顏色非常衣服五彩象知其仙人也即叩首乞長
生之方女子曰汝急送手中物還故處吾于此待汝象
以石子置原所還見女子果在舊處象復叩首女曰汝
血食之氣未盡斷穀三年更來吾止此象歸斷穀三年
乃復往見女仍在前處出丹方一首授象曰得此便仙

勿他為也。象尚未合藥。有人密奏象于吳主。吳主徵象至武昌。甚敬重之。稱為介君。為起第宅。以御帳給之。賜遺前後累千金。從象學隱形之術。試還後宮。莫有見者。又令象變化種瓜菜百果。皆立生。時有種黍于山中。若獼猴食之。戒曰。吾告介君。猴即去。一日吳主與象論鱠。何者最上。象曰。鯔魚為上。吳主曰。此魚生海中。可得乎。象曰。可得。但令于殿前掘坎。著水滿之。象垂鈎坎中。須臾得鯔。吳主驚喜。問象曰。可食否。象曰。故為陛下取作鱠。何不可食。象屢求去。不許。一日吳主賜梨一奩。象食之。隨死。吳主殯埋之。次日巳至建業。以所賜梨付苑吏種之。吏後以表聞。吳主視其棺。中惟一奏版符耳。吳主思象。即以象所住屋為祠。時躬祭之。每有白鶴來集座上。良久乃去。後弟子又見象在蓋竹山中。持白桃花一枝。顏更少焉。

鍾離簡。後漢人。任為郎中。與弟權入華山三峯。得道白日昇天。

鍾離權。燕臺人。後改名覺。字寂道。號和谷子。又號王陽子。又號雲房先生。父為列侯。宦雲中。誕生真人之時。異光數丈。狀若烈火。侍衛皆驚。真人頂圓額廣。耳厚眉長。目深鼻聳。口方頰大。脣臉如丹。乳遠臂長。如三歲兒。晝夜不聲不哭不食。第七日。躍然而言曰。身遊紫府。名書玉京。及壯。任漢。為大將。征吐番失利。獨騎奔逃山谷。迷路。

夜入深林遇一胡僧蓬頭拂額體掛草結之衣引行數
里見一村庄曰此東華先生成道處將軍可以歇息衆
揖別而去真人未敢驚動莊中良久聞人語云此必碧
眼胡人饒舌也一老人披白鹿裘扶青藜杖抗聲前曰
來者非漢大將軍鍾離權耶汝何不寄宿山僧之所真
人聞而大驚知其為異人也是時方脫虎狼之穴遽有
鸞鶴之思乃回心向道哀求度世之方於是老人授以
長真訣及金丹火候青龍劍法真人告辭出門回顧莊
居不見其處後再遇華陽真人傳以太乙刀圭火符內
丹洞曉玄玄之道又遇上仙王玄甫得長生訣遊雲水
至魯居鄒城入崆峒於紫金四皓峯居之再得玉匣秘

訣。遂仙去。

劉諷。潁川人。漢景帝時。為公車司馬。師司馬季主。得服日月精華之道。晚歸鄉里。託形杖履而去。

介琰。不知何許人。住建安方山。師白羊公杜泌。受玄一無為之道。能變化隱形。嘗往東海。過秣陵。吳主孫權禮之。為琰起靜室。每日數遣人問起居。琰或為童子。或為老翁。無所食啖。不受餉遺。吳主欲學其術。琰以吳主多內御。不傳。吳主怒。縛琰。著甲士引弩射之。弩發。唯繩索存。不知琰之所之。

李阿者。三國時蜀人。容顏嘗不老。每乞食成都市。所得隨多少盡施與貧乏之者。夜去朝還。市人莫知其踪跡。有古强者疑阿是異人試尾阿還所宿乃在青城山中强每親隨之恐山中有虎狼私持其父大刀阿見而怒曰汝隨我行那畏虎也取刀擊地刀折强憂之至旦阿問强曰汝憂刀折耶曰實恐父責阿復取刀擊地刀完如故强一日隨阿還成都道逢人犇車阿以足當車下足骨折輒死强守視之須臾阿復起折足平好如故强時十八見阿如五十許人至强年八十餘而阿容色如舊一日忽語人曰吾被崑崙召當去遂不復見

朱孺子三國時永嘉安固人幼師道士王玄真居大若岩深慕仙道時採黃精服餌歷十餘年甞於溪畔見二花犬逐之入枸杞叢下與玄真共掘其處得二枸杞根形

狀即如花犬堅若石。乃煑之三晝夜。孺子試取汁飲之。
即覺身輕能飛。昇於前峯之上。與玄真謝別。乘雲而去。
至今號其峯為童子峯。玄真後食其餘。亦得不死。乃隱
于岩西陶山。採樵者時或見之。王玄真附

左慈字元放。廬江人。於天柱山中精思學道。得石室中丹
經。尤明六甲。能使鬼神坐致行廚。變化萬象。曹操召見
閉一室。斷穀朞年。出之。顏色如故。操嘗宴賓。曰。今日高
會。所少松江鱸耳。慈因求銅盆貯水。以竿釣之。即得鱸
操曰。恨無蜀薑。慈曰。易得。操恐近取。即曰。前使買錦。可
報增二十段。慈曰。諾。須臾袖中出薑。復買錦者回。果云
是日得報增錦。操出郊。士大夫從者百許。慈為齋酒一

升。脯一斤。手自斟酌。百官莫不醉飽。操怪之。使求其故。行視諸鑪。悉亡其酒脯矣。操惡其怪。因坐上收慈。欲殺之。慈乃卻入壁中。霍然不知所在。或見於市者。捕之。而市人皆變形與慈同。莫辨誰是。或逢慈於陽城山頭。因復逐之。遂走入羊群。操知不可得。乃令使告之曰。不復相殺。本試君術耳。忽有一老羝屈前兩膝。人立而言曰。遽如許。使欲取之。而群羊數百皆變為羝。並人立云。遽如許。亦莫所取焉。

張魯。字公期。嗣師長子也。仕漢。為漢中太守。後隱身學道以符法治病。致米一斗。病立愈。久之。積米鉅萬。曹操遣將攻漢中。魯以手版畫地成河。怒濤洶湧。兵不得渡。其

將復率水兵將至岸魯又以手版晝河中輒聳一峯高千餘丈兵不能進後加修煉白日昇天
王梵志黎陽人王德祖有林檎樹生瘿大如斗瘿爛德祖去其皮見一孩兒抱胎而出七歲能語問誰育我德祖以實告因名梵天後改為志後仙去時人咸謂神仙轉胡也

有象列仙全傳卷之三終

王褒

欒巴

毛伯道

趙丙

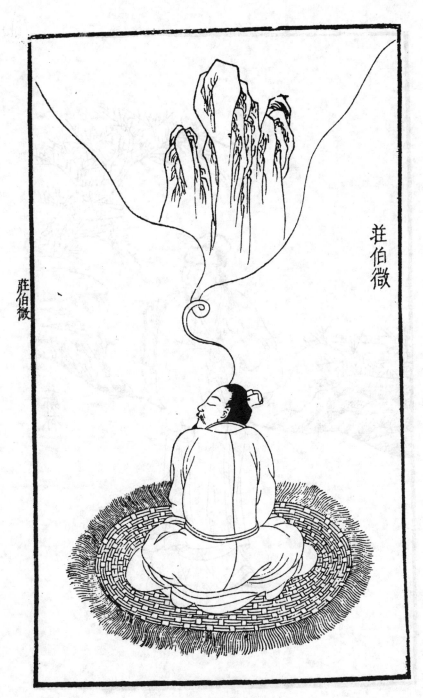

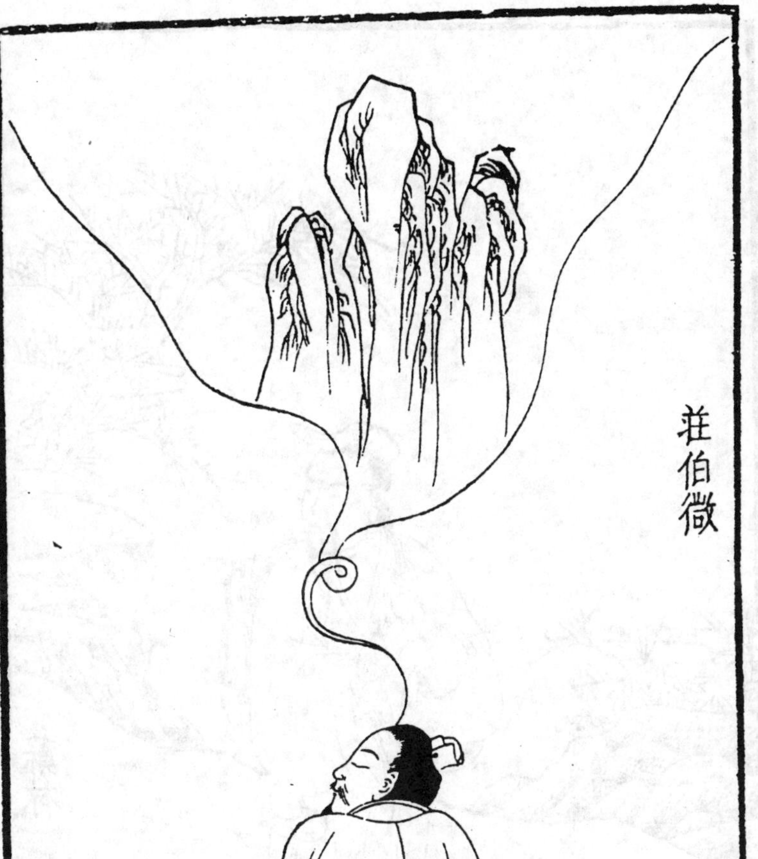

莊伯微

蘇林
蘇林

江妃二女

梅福

姚光

魏伯陽
虞生

王老

張道陵

劉晨

王喬

蕭綦

王遠
蔡經
麻姑

子英

董奉

介象

鍾離權

李阿

朱孺子

有象列仙全傳卷之四

吳郡 王世貞輯次
新都 汪雲鵬校梓

呂恭字文敬少好服煉將一奴一婢於太行山中採藥忽有三人在谷中齊問恭曰子好長生乎恭曰然一人曰我姓呂字文起一人曰我姓孫字文陽一人曰我姓李字文上皆太清仙人也文起曰汝與吾同姓又字得吾三人之半似有緣當隨我採藥示以長生之方恭大喜隨之二日乃授恭秘方因遣恭還曰汝來雖二日人間已二百年矣恭還家但見空野無復子孫惟里中數世後人有趙光輔者傳聞先世有呂恭將一奴一婢入山

採藥不復歸。今已二百餘年。兼知恭有曾孫呂習者在城東北十里作道士。乃為恭往尋之。習驚喜曰。吾家仙人歸矣。居久之。乃以神方授習而去。時習年已八十。服之頓少。至二百歲。乃入山去。其子孫數世服此藥。無復老死。皆得地仙也。

黃初平。晉丹谿人。年十五。牧羊。遇道士引至金華山石室中。四十餘年。其兄初起。尋之不獲。後遇道士善卜。起問之。曰。金華山中有一牧羊兒。初起即往。見初平。問羊安在。曰。在山東。往視之。但見白石。初平叱之。石皆起。成羊數萬頭。初起亦棄妻子學道。後亦成仙。初平號赤松子。初起號魯班。宋元時皆有封號。黃初起附羅真人。晉黃梅人。名致福。修道於縣北鳳臺觀。丹成。有老人來告云。某病龍也。願得丹療之。致福賜之丹。後於觀北氷塘洗足。龍負飛昇而去。今遺飛昇臺洗足池。宋賜今號

賀元。瑯琊人。得道不死。宋真宗東封。謁於道左曰。晉水部員外郎賀元再拜。言訖不見。蘇軾詩曰。舊聞父老晉郎官。已作飛騰變化看。聞道東蒙有居處。願供薪水看燒丹。

蘭公。曲阜人。精修孝行。斗中真人下降其家。自稱孝悌王。諱弘康。語蘭公曰。後晉代當有真仙傳吾孝道。是為衆仙之長。因付以金丹寶經銅符鐵券。令轉授丹陽黃堂

靖女真諶姆。且戒之曰。將來有學仙者。名許遜。汝當以此授之。語訖。與蘭公遊於郊野。道傍有三古塚。指示蘭曰。此是汝三生解化之迹。其第一塚。乃汝昔尸解所遺故衣。第二塚。乃太陰煉形。其形已就。今當起矣。第三塚。蓋所藏蛻骨耳。宜移塚傍之路。勿令牧人踐履也。言訖。升天而去。蘭公乃以金丹等物付諶姆。并移塚傍舊路。人謂其妖妄。乃訟之縣令。令拘公。公以前事對。令乃發而視之。其第一塚。果有黃衣一領。第二塚見一人。童顏弱質。如夢初覺之狀。第三塚。有連環骨一具。衆咸驚嘆。縣令以衣還公。公服之。即同塚中之人合而為一體。竦身入雲而去。

諶姆居丹陽郡黃堂潛修至道後以銅符鉄券金丹寶章付許君及姆昇天取香茅一根南望擲之許君認茅落立祠今豫章有黃堂觀。

費長房汝南人曾為市掾有老翁賣藥于市懸一壺於肆頭及市罷輒跳入壺中市人莫之見惟長房於樓上覩之異焉因往再拜奉酒脯翁曰子明日更來長房旦日果往翁乃與俱入壺中但見玉堂嚴麗旨酒甘肴盈衍其中共飲畢而出翁囑不可與人言後乃就長房樓上曰我仙人也以過見責今事畢當去子寧能相隨乎樓下有少酒與卿為别長房使人取之不能勝又令十人扛之猶不能舉翁笑而下樓以一指提而上視器如有

一升許而二人飲之終日不盡長房心欲求道而顧家人為憂翁即知乃斷一青竹度如長房使懸之舍後家人見之長房也以為縊死大小驚號遂殯殮之長房立其傍而衆莫之見於是遂隨翁入深山踐荆棘於群虎之中留使獨處長房亦不恐又卧長房於空室以朽索懸萬斤石於其上衆蛇競來齧索欲斷長房亦不移翁還撫之曰子可教也復使食糞糞中有三蟲臭穢特甚長房意惡之翁曰子幾得道恨於此不成奈何長房辭歸翁與一竹杖曰騎此任所之頃刻至矣至當以杖投葛陂中又為作一符曰以此主地上鬼神長房乘杖須臾來歸自謂去家適經旬日而已十餘年矣即以杖投

陂顧視則龍也家人謂其死久驚訝不信長房曰往日所葬竹杖耳乃發塚剖棺杖猶存焉遂能醫療衆病鞭笞百鬼驅使杜公或獨坐恚怒人問其故曰吾責鬼魅之犯法者耳又甞食客而使使至宛市鮓須臾還乃飯或一日之間人見其在千里之外者數處桓景甞學于長房一日謂景曰九月九日汝家有大災可作絳囊盛茱萸繫臂上登高山飲菊花酒禍可消景如其言擧家登山夕還見牛羊雞犬皆暴死焉一云後失其符爲衆鬼所殺壺公附

嚴青會稽人居貧常於山中作炭忽遇神人授書一卷曰汝骨可長生并教服石髓法青受之即見左右常有數

十人侍之。嘗夜行。都巡呵青。青亦呵之。都巡怒叱從兵收青。青亦叱從神録之。青徑去。而都巡等人馬皆不能動。明旦鄉人曰必嚴公也。報其家往謝青。乃放去。後斷穀三年仙去。

藍采和。不知何許人。常衣破襤衫。六銙黑木腰帶。闊三寸餘。一脚着靴。一脚跣足。夏則衫内加絮。冬臥雪中。氣出如蒸。每於城市乞索。持大拍板長三尺餘。醉而踏歌。老少皆隨看之。似狂非狂。歌詞率爾而作。皆神仙意。人莫之測。得錢則用繩穿拖之而行。或散失亦不顧。或贈貧者。或與酒家。周遊天下。人有自見童時見之者。及斑白見之顔狀如故。後於濠梁酒樓上飲酒。聞有笙簫聲

忽然乘雲鶴而上擲下靴衫腰帶柏板冉冉而去其靴
衫柏板旋亦失亡
沈建丹陽人好道能醫嘗遠行寄奴婢騾羊於主人各與
藥一粒語主人曰不煩飲食也去後主人雖飲食之皆
不顧三年還又各與藥則飲食如故後不知所止
耆域天竺人神奇人莫能測周流華戎晉武帝時至襄陽
欲寄載過江舟人見其衣服粗陋輕而不載船達北岸
而域已度前行見兩虎以手摩其頭虎弭耳而逝一日
與衆決衆送至城外域徐行追者不能及是日有從長
安來者見域在彼賈人胡濕是日又逢域於流沙計九
千餘里云

王質。晉衢州人。入山伐木。至石室山。見石室中有數童子圍棋。質置斧覩之。童子以物如棗核與質。令含咽其汁。便不覺飢渴。童子云。汝來已久。可還。質取斧。柯爛已盡。質亟歸家。已數百年。親舊無復存者。復入山得道。人往往見之。

蓬球。字伯堅。北海人。晉武帝泰始中。入貝丘西王女山中伐木。覺有異香。球迎風尋之。忽山廓然自開。宮殿盤鬱。樓臺博敞。球入門窺之。見王樹五株。稍前見四仙女彈棊堂上。見球俱驚起。曰。蓬生何事得來。球曰。因尋香至此。問訖。復彈棊如故。內一最少者。獨登樓彈琴。且戲吟曰。元暉何為獨升樓。球在樹下立。久飢。以舌舐葉上垂露，俄一女乘鶴而來。曰，王華王華。汝等何故來此。俗人球惶懼，疾趣出門，回頭竟無所見。及還家，已是建興中矣。因復訪道不返。

葛玄字孝先，丹陽句容人，號曰葛仙公。從左慈受丹液仙經。嘗與客對食，言及變化之事。客曰。願先生作一事為戲。玄曰，君得無促促欲有所見乎。乃嗽口中飯，盡成大蜂數百。集客身。亦不螫人。有間，玄張口，蜂皆飛入，嚼之是舊飯也。能指石人使行，指蝦蟆及諸昆蟲燕雀之屬歌舞，絃節皆如人狀。或宴客，冬設生瓜棗，夏致冰雪。又以數十錢使人散投井中，持一器于井上呼錢，向錢一一飛出。與客飲，無人傳杯，杯自至前。如酒不盡，杯不去

也晉武帝召問曰百姓思雨可致乎玄曰易耳乃書符
著社中俄頃大雨偶行過一神廟凡過者離百步下車
否則有譴廟傍有大樹數十株上有禽鳥人畏莫犯仙
公乃命車直趍輒大風驟起塵埃蔽天從者驚怖仙公
怒曰小邪敢爾舉手指風風即止書一符令從者投廟
中禽鳥皆墜死廟屋自焚仙公過武康見一人家病作
請巫祀妖邪邪附巫者與仙公飲仙公故不飲而妖邪
出語不遜仙公厲聲叱曰奸鬼敢爾敕五伯拽妖邪頭
附柱鞭背但聞鞭聲出血流地妖邪伏罪乃止仙公過
華陰見一士人溺于蛇精之家迷而不悟仙公化作一
田夫驅黃犢而耕因說士人曰汝陷身于非地汝婦蛇

精也前後啖人不計其數士人不之信乃引士人看古井井中白骨盈積士人恐遂教士人密窺其跡士人乃窺之果蛇也張牙努目在帷帳中身傍附一小蛇仙公禁而斬之即有無數小蛇來救援仙公盡爲誅戮畢以一符與士人服即瀉下蚯蚓蝦蟆之類無數遂得全生

仙公又嘗在荊門軍紫蓋山修煉值天寒大凍仙公跣足衣衫襤褸時有屈家二女偶見憐之夤夜促成雙履次日獻之煉丹之所仙公已去但存爐灰尚溫二女撥灰得丹一粒姊妹分而服之自後神氣沖沖不飢不渴惟慕清靜後隱去時人咸謂得仙矣仙公嘗從吳主各船行至三江口遇風船多漂沒仙公船亦不知所在吳

主嘆曰葛仙公有道何不能免此踰宿忽見仙公水上步來旣至尚有酒態謝曰昨伍子胥强邀留飲是以淹屈陛下一日遊會稽有賈人自海中還過一神廟廟吏邀賈人曰煩寄箋葛仙公言訖即以書擲舟中及還達仙公仙公開函乃東華山童君書題曰太極左宮仙書世人愈知仙公名在天闕舊矣仙公嘗于西峯石壁上石臼之中搗藥遺墜一粟許有飛禽過而食之遂得不死至今夜靜月白風清之時其禽猶作丁當杵臼之聲名曰搗藥鳥仙人琴高聞仙公得道自東海跨雙鯉來訪仙公與之酣飲旣醉高卧白雲間酒醒雙鯉化為石矣仙公贈以雙鶴跨之而還石至今存嘗有客從仙公

泛舟。見囊中有十數符。客曰。此符驗可見不。仙公即取一符投水中。逐水而下。仙公曰。何如。客曰。常人投之亦然。仙公復取一符投之。逆水而上。仙公曰。何如。客曰。異矣。仙公復取一符投之。符即不上不下。須臾上符下符會于中流。三符聚為一處。良久收之。又于水濱見鬻大魚者。謂魚主曰。欲假此魚到河伯。魚者曰。已死矣。曰。亦可。以丹書紙納魚口中。投于水。躍然而去。嘗有客來謁。既坐。有繼至者。復見仙公迎與俱入。而座上仙公自與客談笑不輟。時苦寒。謂客曰。居貧不能設爐致煖。試作火以供諸君。於是張口吐氣。火赫然而出。須臾屋中火滿。又盛暑中醉臥。使人傅粉腹上。謂客曰。苦熱不能作

他戲乃以腹徐徐上摩屋梁而粉著梁上如此神異不能盡述後仙去（屈氏二女附）

梁諶字考成扶風人初事鄭法師於樓觀晉惠帝末與二年老君命真人尹軌降于樓觀授以煉氣隱形之法及水石還丹術諶乃隱于終南山食玄吞符廣索丹砂為餌丹成能飛行變化目能視地中物耳能聽數里聲一日謂門人曰有友召吾于南峯今往矣輒冠服而出則雲氣繚繞不見其形惟聞鼓吹之音隱隱從空而去

曹仙媪不知何許人常携幼女引一犬息馬嘶關柳下一日至河問渡舟師拒之媪携女與犬凌波御風須臾登岸俄又登東岸石龕與女及犬化龕中土人立廟祀焉

鮑靚字太玄陳留人師左元放受中部法及三皇五嶽劾召之要能役使鬼神封山制魔晉元帝大興元年靚往江東於蔣山北道見一人年可十六七許好顏色俱行數里其人徐徐動足靚奔馬不及因遙問曰相君行步必有道者其人曰吾仙人陰長生也君有心於道故得見我靚即下馬叩拜陰君曰子慕道久矣吾當度爾仙法凡非仙胎得仙者必由尸解上尸解用刀下尸解用竹木以神丹染筆書太上太玄陰生符於刀其刀須臾即如所度者面目奄然於牀上矣其真人遁去其家人但見死人不見刀也陰君乃傳靚此道又與靚論晉室脩短之期又云此地十年後當大流血後值蘇峻之亂

果皆驗羅浮圖志云靚為南海太守以道術見稱嘗行部入海遇風飢甚取白石煑食之與葛稚川善時稚川居羅浮常往來山中或語論達旦乃夫人見其來門無車馬獨雙燕往來怪而窺之則雙履也墉城集仙錄云靚以女妻葛洪靚還丹陽卒葬於石子岡後蘇峻亂發棺無尸但有一大刀賊欲取刀聞塚近有兵馬之聲棺中刀訇然有聲若雷震衆賊驚走賊平後收刀別葬之晋書云鮑靚字太玄東海人年五歲語父母云本是曲陽李家兒九歲墮井死其父母尋訪李氏皆符驗靚學兼內外明天文河洛書後見仙人陰君授道訣百餘歲卒

孫登字公和不知何許人於汲郡北山土窟中住無家夏則編草為裳冬則被髮自覆善長嘯好讀易鼓一絃琴性無喜怒或没諸水出而觀之登復大笑嵇康從之遊三年問其所圖終不答然神謀所存良妙康每薾然嘆息將別謂曰先生竟無言乎登曰子識火乎火生而有光而不用其光果然在于用光人生而有才而不用其才果然在於用才故用光在乎得薪所以保其燿用才在乎識物所以全其年康又請學琴登不教之曰子才多識寡難乎免于今之世矣後康果遭呂安事在獄為詩自責云昔慚下惠今愧孫登登竟白日昇天

王烈字長休邯鄲人入海東抱犢山中嘗與嵇叔夜遊烈

得石髓如飴即自服半半留與叔夜叔夜既至骨凝為石又入一石室室中有兩卷素書烈不知其字未敢取頗記十數字形體歸示叔夜叔夜盡知之烈喜乃與叔夜同至其處失石所在烈因語弟子曰叔夜未應共得仙也。

嵇康字叔夜譙國銍人銍有嵇山家于其側因氏焉身長七尺八寸土木形骸不加飾厲龍章鳳姿天質自然時王伯通造一館但有人宿必死伯通累見其凶常閉之至是康請寄宿館中乃取琴彈二更時有八鬼從館出康始懼微誦乾元亨利貞數遍徐聞鬼曰王伯通造此館凡有人宿輒死無乃若輩殺之耶鬼曰我輩非殺人

者。乃是舜時掌樂官。兄弟八人。號曰伶倫。舜受倭臣之言。枉殺我兄弟。葬埋於此。王伯通於吾冢上築墻。吾等苦其壓。見人來宿者。出擬告之。彼見吾等。自懼而死。非殺之也。今願先生與伯通言。取吾等骸骨。遷葬他處。期半年。伯通當為本郡太守。今授先生以廣陵一曲。聊相酬耳。康大悦。遂以琴與鬼。鬼彈一遍。康即能彈。遂彈至夜深。伯通往館中視康。聞琴聲殊佳。因問康。康具言其事。明日伯通使人掘地。果見骸骨。遂別造棺。就高潔處葬之。後晉文帝時。伯通果如期為太守。康為中散大夫。聞汲郡山中孫登善嘯。康遂從之遊。登沉默自守。無所言說。康臨去。登曰。君才則高矣。保身之道不足。康嘗與王烈入山。烈得石髓如飴。自服半。半留與康。康疑而為石。又入石室中。見一卷素書。遽呼康往取之。輒不復見。烈乃嘆曰。叔夜屢遇而不遇。命也。初康居貧。嘗共向秀鍛于大樹之下。以自贍給。潁川鍾會。貴公子也。精練才辯。往造焉。康不為之禮而鍛不輟。會欲別去。康曰。何所聞而來。何所見而去。會曰。聞所聞而來。見所見而去。會由此憾之。因言於文帝曰。嵇康臥龍也。公無憂天下。但當以康為慮耳。復譖康黨毋丘儉。帝遂害之。斬于東市。記纂淵海云。南海太守鮑靚。東海徐寧師之。寧夜聞靜室有琴聲。怪其妙而問靚。曰。嵇叔夜。甯曰。叔夜斬于東市。何得復在此。靚曰。叔夜雖市終。實兵解也。

吳猛字世雲濮陽人少有孝行任吳為西安令得至人丁義神方遂以道術大顯於時傳法於許遜嘗見暴風大作書符擲屋上有青鳥銜去風即止或問其故曰南湖有舟遇此風二道士求救耳驗之果然西安令于慶死已三日猛曰令數未盡當訴之于天遂卧尸傍數日與令俱起常渡江值風濤大作猛以白羽扇畫水而渡許真君上昇猛亦於是歲乘白鹿車與弟子四人麗日昇天宋政和中封神烈真人

行客晉人避亂隱延平郡之北山結廬煉丹丹成白日舉家上昇

吳彩鸞猛女也瑞州有崇元觀即丁義女秀英煉丹之所

綵鸞亦就學得其道焉、唐太和末有書生文簫者。寓鍾陵紫極宮。秋日到西山遊觀、見一姝踏歌曰、若能相伴陟仙壇、應得文簫駕綵鸞。自有繡襦渾甲帳、瓊臺不怕雪霜寒、簫意度是仙人。植足不去、鸞亦相盼戀。歌罷、穿松徑陟山捫石而升、簫冒險躡其後、鸞回顧曰。郎君莫是文簫耶。遂引至絕頂、供設殆非人間所有、正爾綢繆。忽風雨裂帷覆几、有仙童厲聲曰。吳綵鸞以私慾洩天機、當謫人間一紀。於是彩鸞與簫歸鍾陵、簫貧不自給。彩鸞為寫孫愐唐韻。運筆如飛、日得一部、售金五緡、盡則復寫。如是僅十載、稍為人知。遂偕往新興越王山、二人各跨一虎、陟峯巒而去。

文簫附

許遜字敬之號真君南昌人吳赤烏二年母夢金鳳銜珠墜於掌上玩而吞之及寤覺腹痛因是有娠而生真君生而穎悟姿容俊偉少小疎通與物無忤嘗從獵射一麀鹿中之而麑鹿母皇顧舐之因感悟折棄弓矢尅意為學博通經史明天文地理音律五行讖緯之書尤嗜神仙修煉之術聞西安吳猛得丁義神方乃往師之悉受其秘又從郭璞求善地為栖真之所得西山之陽逍遥山金氏宅而居之日以修煉為事時買一鐵燈檠因夜燃燈見漆剝處有光視之金也明日訪售主還之晉武帝太康元年舉孝廉辟為旌陽縣令時年四十二也教民以忠孝慈仁勤儉忍慎聽訟發擿如神吏民悅服

歲飢民無以輸租真君乃以靈丹點瓦礫成金令人潛
瘞於縣圃一日藉民之未輸納者使服力於圃民鋤地
得金用以輸納遂悉安堵又歲大疫死者十七八真君
以所得神方拯治之符呪所及登時而愈他郡病民相
繼而至者日千計於是標竹於郭外十里之江置符水
於其中使就竹下飲之皆瘥久之知晋室將亂乃弃官
東歸蜀民感其德化所至盡立生祠家供其像啓行之
日送者蔽野有送至千里始還者有隨至其宅願服役
而不返者真君嘗憇於栢林有女童五人各持寶劍來
獻真君異而受之既而偕至真君之家惟日擊劍自娛
真君知其劍仙也卒獲神劍之用既而與吳君遊於丹

陽黃堂閒諶姆多道術。遂同往叩以道妙。姆曰。君等皆夙稟道骨。仙名在天。昔孝悌王下降曲阜蘭公家。謂蘭公曰。後晉代當有神仙許遜傳吾此道。當為衆真之長。留下金丹寶經。銅符鐵券。授吾掌之以俟子。積有年矣。今當授子。乃擇日登壇。出孝悌王諸秘。悉以傳之真君。復顧吳君曰。君昔以神方為許之師。今孝悌王之道獨許君得傳。君當返師之也。況王皇玄譜。君位玄都御史。許君位高明大使。總領仙籍。品秩相遼。且許君司玄枵之野。於辰為子。統攝十二分野。君領星紀之邦。於辰為丑。汝自今宜以許君為長也。二君謝訖辭行。真君方心期每歲必來謁姆。姆即覺之。曰。子勿來。吾即還帝鄉矣。

因取香茅一根。南望擲之。曰。予歸。茅落處立吾祠。歲秋一至足矣。二君還。覓訪飛茅之迹。於所居之南四十餘里得之。時茅已叢生矣。遂建祠宇。每歲仲秋之三日。必朝謁焉。初真君往訪飛茅。偶息憩真靖。見鄉民盛烹宰以祀神。且相戒曰。祭不腆。則神怒降禍。真君曰。怪祟敢爾。乃宿于逆旅。召風雷伐之。拔其林木。明日告其里人曰。妖社已驅。毋用祭也。又見人苦遠汲。乃以杖刺社前涸澤出泉以濟之。雖旱不竭。渡小蜀江。感江干主人朱氏迎接甚勤。乃戲畫一松於其壁。其家因之得利加倍。後江漲潰堤。市舍俱漂。惟松壁不壞。真君嘗煉丹艾城黃龍山。山湫有蛟魅。輒作洪水漂沒舟室。真君遣神兵擒之。釘於石壁。過西安縣。縣社伯出謁。真君問其地有妖物為民害者不。其神匿之。真君行過一小廟。廟神迎告曰。此有蛟害民。知仙君來。逃往鄂渚矣。真君追至鄂渚。路逢三老人。指曰。蛟伏前橋下。真君至橋。仗劍叱之。蛟驚。奔入大江。匿于深淵。乃勅吏兵驅之。蛟從上流奔出。遂誅之。又聞新吳有蛟。真君乃以巨石書符。作鎮蛟文以禁之。時海昏之上繚有巨蛇。據山為穴。吐氣成雲。亘四十里人畜在其氣中者。俱被吞吸。無得免者。江湖舟船多遭覆溺。大為民害。真君聞之。乃集弟子往誅之。初入其界。遠近居民三百餘人。知真君道法。競來告愬哀求懇切。真君曰。吾來正為是惡。當為汝曹除之。遂前至蛇所。伏劍布炁。蛇懼。入穴。乃飛符召海昏社伯驅之。不出復召南昌社公助之。蛇始出穴。舉首高十餘丈。目若火炬。吐毒衝天。鄉民咸鼓譟相助。是時真君嘯命風雷。呼指神兵。以攝伏之。使不得動。真君乃飛步踏其首。以劍劈其顙。弟子施岑甘戰等。引兵揮之。蛇腹裂。有小蛇自腹中出。長數丈。甘君欲斬之。真君曰。彼未為害。不可妄誅。小蛇懼。奔行六七里。聞鼓譟聲。猶返聽而顧其母。群弟子復請追戮之。真君曰。此蛇一千二百五十餘年後。為民害。吾當復出誅之。以吾壇前植栢為驗。其枝拂壇掃地。是其時也。又預讖云。吾仙去後一千二百四十年間。豫章之境。五陵之內。當出地仙八百人。其師出於豫章。大揚吾教。江心忽生沙洲掩過沙井口者。是其時也。此時小蛇若為害。彼八百人自當誅之。蛇子遂得入江。真君曰。大蛇雖滅。蛟精未誅。彼物通靈。必知吾意。恐其俟隙潰郡城。吾歸郡乎。戢岑二子從我以往。時懷帝永嘉六年也。真君道術高妙。聲聞遠邇。求為弟子數百人。却之不可。乃化炭為美婦人。夜散群弟子處以試之明旦閱之。其不為所染汙者。惟十人爾。餘皆自愧而去。真君乃與甘施二君歸郡。周覽城邑。遇一少年。美風度。衣冠甚偉。通謁自稱姓慎。禮貌勤恪。應對敏給。遂告去。真君謂弟子曰。適來者非人。即老蛟。故來見試也。體貌雖是。而腥風襲人。吾故愚之。庶盡得其醜類爾。迹其所之乃在郡城江滸化黄牛卧沙磧之上真君剪紙化黑牛往鬭之令施岑潛持劍往俟其鬭酣即揮之施君一揮中其左股牛奔入城南井中真君遣符吏尋其蹤乃知直至長沙於賈誼井中化為人入賈玉使君之家先是蛟精嘗慕玉之女美化為一美少年謁之玉愛其才乃妻以女居數載生二子常以春夏之交孑然而出周遊江湖若為商者至秋則乘巨艦重載而歸皆寶貝珠玉盖乘春夏大水覆舟所獲也是秋空還紿玉云財貨為盜所刼且傷左股玉求醫療之真君即為醫士謁玉玉喜召壻出蛟精覺懼不敢出玉自起召之真君隨至其堂厲聲叱曰江湖蛟精害物不淺吾尋蹤至此豈

容復藏速出蛟精計窮遂見本形蜿蜒堂下為吏兵所
誅真君以法水噀其二子亦皆為小蛟併誅之賈女亦
幾變形王為哀求真君給以神符故得不變真君謂王
曰蛟精所居其下即水今君舍下深不踰尺皆洪波也
可速徙居王乃遷居高原其地果陷為淵潭深不可測
真君復還豫章而蛟之餘黨甚盛慮真君誅之皆化為
人散遊城市訪真君弟子詭言曰僕家長安積世崇善
遠聞賢師許君有神劍願聞其功弟子語之曰吾師神
劍指天天裂指地地折指星辰則失度指江河則逆流
萬邪不敢當神聖之寶也蛟黨曰亦有不能傷者乎弟
子戲之曰惟不能傷冬瓜葫蘆爾蛟黨以為誠然繼而

盡化為葫蘆冬瓜連枝帶蔓浮泛滿江潛流出境眞君晨起覺妖氣轉盛乃顧江中知為蛟黨所化以劍授施岑履水斬之恐無噍類江流為之變色眞君曰此地蛟螭所穴不有以鎮之後且復出為患人不能制也乃役鬼神於牙城南井鑄鐵為柱出井外數尺下施八索鈎鎖地脉祝之曰鐵柱若歪其蛟再興吾當復出鐵柱若正其妖永除由是水妖屏迹城邑無虞復慮後世奸雄妄作又為讖記云鐵柱鎮洪州永不出奸讐縱有興謀者終須不到頭其後更立府靖七十餘所皆所以鎮郡邑辟凶災也明帝太寧二年大將軍王敦舉兵內向次慈湖眞君與吳君同往謁敦冀說止之時郭璞在幕府

因璞與俱見。敦喜。延之飲而問曰。予夢一木破天。君等
以為何如。真君曰。非佳兆也。吳君曰。木上破天。未字也。
公宜未可妄動。敦色變。令璞筮之。璞曰。無成。敦不悅曰。
予壽幾何。璞曰。公若舉事。禍將不久。若還武昌。則壽未
可量也。敦怒曰。君壽幾何。璞曰。予壽盡今日日中。敦大
怒。令武士擒璞斬之。真君乃舉杯擲地。化為白鴿飛繞
梁棟。敦一舉目。已失二君所在。後敦敗。二君還至金陵。
欲買舟至豫章。而舟人告以乏剌舟者。真君曰。爾但瞑
目安坐。切勿覘視。吾自為汝駕之。默召二龍挾舟而行。
舟漸凌空。俄過廬山頂。至紫霄峯金闕洞。二君欲遊洞
中。故其舟稍抹林梢。戛戛有聲。舟人不能忍。竊視之。龍

即捨舟於層岫之上，桅折於深澗之下。真君謂舟人曰。汝不聽吾言，將何所歸乎。舟人拜求濟度，真君教以服餌靈草。遂得辟穀不死，隱於此山。二君各乘一龍以歸舊隱，數十年間，不復以時事關意，惟精修至道，乎時出處，不異常人。但所居之處，鳴鶴翔飛，景雲繚繞。自東晉亂離，江左頻擾，真君所居環百餘里，盜賊不入閭里，晏然年穀豐登，人無災害，其福被生靈，人莫知其所以然也。孝武寧康二年，真君一百三十六歲，八月朔旦，有二仙自天而下，云奉玉皇命，授真人以九州都仙太史高明大使之職，紫袍寶節，玉膏金丹各一合，并告以沖舉之日。遂乘雲車而去。真君乃與鄉里耆老諭以行期日

設宴飲叙別又與同昇十一弟子作勸誡詩十首以遺
世又以大功如意丹方授群弟子之不與上昇者是月
望日遥聞天樂之音祥雲冉冉羽盖龍車從官兵衛仙
童玉女前後導從見前二使真君降堦拜迎二使宣詔
封真君三代賜所居宅曰仙曹左府乃揖真君昇龍車
真君命弟子陳勳時荷持册前導周廣曾亨驂御黄仁
覽與其父族侍從盱烈與其母部侍從仙眷四十二口
同時白日拔宅昇天雞犬亦隨有僕許大者與其妻市
米于西嶺聞真君飛昇即奔馳而歸倉忙車覆遺米于
地米皆復生比至哀泣求從行真君以其分未應仙授
以地仙之術仙仗既舉有頃墜下藥臼車轂各一又墜

一雞籠厭數枚于宅之東南十里餘百里之內異香芬馥經月不散。

甘戢晉豐城人有孝行喜神仙術從許遜遜異其材器凡奧文秘訣悉命掌之自是周游江湖誅蛟斬蛇無不從焉及遜上昇戢歸豐城布德行惠鄉人感化陳大建初乃駕麟車乘雲而去宋封精行真人。

盱烈南昌人少孤事母孝母許氏遜之長姊遜嘗築室宅西數十步間俾烈母子居之故日聞至道及遜飛昇母子俱從雲騰而去宋封烈和靖真人。

黄仁覽字紫庭南城人父萬石為晉御史紫庭師許君盡得許君之道許君以女妻之嘗為青州從事單騎之官。

留妻侍父母。然每夜暗歸與妻同宿。人莫而知。一夕家人聞許氏房中有笑語聲、以報父母。姑訊之。許氏曰黃郎耳。姑曰。吾子從宦數千里、安得至此。許氏曰彼已得仙道。千里頃刻能來。戒勿漏語。故不敢令姑知。姑曰若然。當使我見之。是夕紫庭歸。許氏以告。比明紫庭不得已出謁父母曰。仁覽雖宦遠。然夜每還家。但仙道秘密。不可輕泄。恐招譴累。故不敢見大人耳。言訖。取竹杖化為青龍。復乘之而去。萬石因是反師許君。惟二弟性好田獵。紫庭曾折草化鹿以止其妄心。復屢導之。不從。後紫庭與父母家人三十二口。白日昇天。二弟尚在獵所

潘茂名。潘州人。晉永嘉中。入山逢二道士弈棋。立觀久之、

道士顧謂予識此不荅曰入猶蛇實出似雁行道士笑可其說因語之曰予頂骨貫於生門命輪齊於日月腦血未減心景不偏君修煉則可輕舉授以服黄精不死之法於東山採藥煉丹於西山白日上昇

彭抗字武陽蘭陵人仕晋為尚書左丞容修仙業師事許真君納女為真君子婦後致政挈家居豫章再詣真君門下盡傳其道宋高祖永初二年八月二十四日舉家二十六口白日昇天

郭璞字景純河東聞喜人性好經術博學有高才而訥于言論詞賦為中興之冠好古文奇字妙於陰陽筭曆有郭公者客河東精卜筮璞從之受業公以青囊書九卷

與之由是遂洞五行天文卜筮之術禳災轉禍通致無
方雖京房管輅不能過也璞門人趙載嘗竊其青囊書未
及讀為火所焚惠懷之際河東騷擾璞知其將亂乃潛
結姻昵及交遊數十家避地東南投將軍趙固會固所
乘良馬死固惜之不接賓客璞至門吏不為通璞曰吾
能活馬吏驚入白固趨出曰君能活吾馬乎璞曰得健
夫二三十人皆持長竿東行三十里有丘林廟社者便
以竿打拍當得一物急持歸馬活矣固如其言果得一
物似猴持歸此物見馬死便噓吸其鼻頃之馬起奮迅
嘶鳴如常不復見向物固大稱賞厚加資給後至廬江
勸太守胡孟康急南渡康不從璞愛其婢乃取赤豆繞

主人宅散之主人每見赤衣人數千圍其家就視則滅甚惡之請璞為卦璞曰君家不宜畜此婢可於東南二十里賣之慎勿爭價則此妖可除也主人即從之璞因令人賤買此婢復投符于井中數千赤衣人皆反縛一一自投于井主人大悅璞攜婢去後數旬而廬江陷既渡江王導深重之引參己軍事嘗令作卦璞言公有震厄當命駕西出數十里得一栢樹截斷如身長置常寢處災可消導從其言數日果雷震栢樹粉碎母喪卜葬地於暨陽墓去水不盈百步時人以為近水璞曰將當為陸其後沙漲去墓數十里皆為桑田嘗為詩曰北阜烈烈巨海混混壘壘三墳唯母與昆又嘗為人葬明帝

微服往觀因問主人何以塟龍角此法當滅族主人曰郭璞云此葬龍耳不出三年當致天子帝問為是出天子耶荅曰非出天子能致天子問耳帝嘆異之璞以才學見重一時然性輕易不修威儀嗜酒好色時或過度著作郎干寶常誡之曰此非適性之道也璞曰吾所受有限用之常恐不得盡卿乃憂酒色為患乎璞素與桓彝友善彝每造之或值璞在婦所便入璞曰卿來他處自可徑前但不可厠上相尋耳必客主有殃彝後因醉詣璞正逢在厠掩而觀之見璞裸身披髮銜刀設醊璞見彝撫心大息曰吾每囑卿卿復更如是非但禍吾卿亦不免矣天實為之將以誰咎璞終嬰王敦之禍彝亦死

蘇峻之難王敦之謀逆也溫嶠庾亮使璞筮之璞對不
決嶠亮復令占己之吉凶璞曰大吉有姓崇者搆璞于
敦敦將舉兵乃使璞筮璞曰無成敦固疑璞之助嶠亮
又聞卦凶乃問璞曰卿更筮吾壽幾何答曰思向卦明
公起事禍必不久若住武昌壽不可測敦怒曰卿壽幾
何曰命盡今日日中敦令收璞詣南岡斬之璞臨出謂
行刑者何之曰南岡頭璞曰必在雙栢樹下其樹應有
大鵲巢及至果然初璞中興初行經越城間遇一人呼
其姓名因以袴褶遺之其人辭不受璞曰但取後自知
當其人遂受至是即此人行刑時年四十九王敦平追
贈弘農太守璞未遇害之先已預令家人備送終之具

于行刑之所、命即瘞于江側兩松之間。斬後三日。南州市人復見璞。著其平日服飾。與人共話。敦聞之。開棺無尸。謂兵解也。後為水府仙伯。璞撰前後筮驗六十餘事、名為洞林。文抄。京費諸家要最。新林十篇。卜韻一篇。注釋爾雅。音義圖譜註。三蒼方言。葬書。穆天子傳。山海經。楚辭。子虛。上林賦。數十萬言。所作詩賦誄頌。亦數萬言。皆傳於世。子驁。官至臨賀太守。

許毛、電白縣人。自幼至老。兩頰如丹。風雨水旱。歲時豐歉。預以語人。無一不驗。一旦絕迹。莫知所之。

王道真、居鬼谷栢臺。常有白雲出臺中。遠望如百尺好樓。道直。常隱此雲中。遊戲山頂。

鄭思遠少為書生善律曆晚師葛孝先受諸經并丹法居廬江馬迹山中山有虎生二子虎母為人殺虎父驚逸虎子飢思遠持還飼之後虎父尋至思遠家跪謝之即依思遠不去後思遠每出行騎虎父二虎子負其經書衣藥以從時于永康橫江橋逢友人許隱隱患齒痛因從思遠求虎鬚云及熱揷齒間則愈思遠為拔之虎伏不動後從仙去為丹陽真人

許邁字叔玄真君之從弟也弱冠時嘗造郭璞璞為之筮遇泰之上六爻乃謂曰君元吉自天宜學升遐之道時南海太守鮑靚隱蹟潛遁人莫知之邁乃往候之探其至要父母尚存未忍違背乃棄舍餘杭懸霤山往來茅

嶺，以尋仙跡，朔望時節，還家覲省。父母既終，遣婦還家。徧遊名山，採藥服氣，因改名玄，字遠遊。後入臨安西山。與王右軍父子為世外之交。時共右軍修煉服食。徧采名藥，右軍每嘆曰，我卒當以樂死。邁後作書與婦告別。遂莫知所往。

許穆。許真君之從弟也。入華陽洞得道。後王母之女華林夫人降教之，得為佐卿仙侯。幼子羽，小字王斧，為侍宸仙翁。後華林夫人與穆書云，王醴金漿，交梨火棗，當與山中許道士，不與人間許長史。許羽附

葛洪，字稚川，句容人。少好學，家貧，躬自伐薪，以貨紙墨。夜輒寫書誦習。遂以儒學知名。性寡慾，無所愛玩。自居木

訥。不覩榮利，閉門却掃，未嘗交游，時或尋書問義，不遠千里，期於必得，尤好神仙道術，從祖玄，學道得仙。以其修煉秘術授弟子鄭隱。洪復就隱學，悉得其法，後師事南海太守上黨鮑玄，玄善內學，逆占將來，見洪深重之，以女妻洪。洪傳玄業，兼綜醫術，著撰精覈。而才章富贍，晉成帝咸和初，司徒王導召補主簿，後選為散騎常侍，領大著作，俱不就。辭以年老，欲煉丹以期遐壽，聞交阯出丹砂。求為勾漏令，帝以洪資高不許。洪曰，非欲為榮，以彼有丹爾，帝乃從之。洪遂携子姪俱行，至廣州，刺史鄧嶽留不聽去，洪遂止羅浮山煉丹，在山七年。優游閑養，著述不輟。云世儒徒知服膺周孔，莫信神仙之事，不但笑之而且謗毀真言乃著內外篇凡一百一十六篇。
名抱朴子。以示迷者。一日忽與鄧嶽疏云。當遠遊尋師。
刻期便發。嶽得疏。狼狽往別。而洪坐至日中。兀然若睡
而卒。年八十一。嶽至。遂不及見。視其顏色如生。肢體柔
軟。舉尸入棺。惟空衣。後唐有崔煒者。遊南海開元寺。有
丐嫗謂煒曰。吾善灸贅疣。今有艾少許奉子。煒受之。莫
知為誰。後始知為洪妻鮑女云。鮑姑附

張元化。葛玄弟子也。嘗寓汝州。有前知之明。一日召道士
周元亨戒之曰。吾化之後。毋損吾軀殼。既化。元亨遵其
命。葬於城北。後五年。汝州卒戍蜀。逢一道士于山峽間。
謂曰。我新去汝。若能為我持書與胡司馬周尊師。不卒

諾之反。投書。二人開緘。乃元化親札。謝二人葬意之厚也。遂率郡人發棺視之。惟有故履存耳。宋政和中。封冲妙先生。

黄野人。葛洪弟子。洪棲山煉丹。野人常隨之。洪旣仙去。留丹于羅浮山柱石之間。野人得一粒。服之為地行仙。今肉身尚在。有緣者或遇之。後有人遊羅浮。宿石岩間。中夜見一人無衣而紺毛覆體。意必仙也。乃再拜問道。其人了不顧。但長笑數聲。聲振林木。復歌曰。雲來萬嶺動。雲去天一色。長笑兩三聲。空山秋月白。其人歸道其形容。即野人也。

麻姑。石勒時人。麻秋之女。秋猛悍。築城嚴酷。晝夜不止。惟至雞鳴少息。麻姑雅勤恤民之念。常假作雞鳴。群雞亦鳴。工得早止。後父覺。疑欲撻之。姑懼而遁。入仙姑洞修道。後於城北石橋飛昇。因名其橋曰望仙。宋政和中。亦有麻姑。是建昌人。修道於牟州東南姑餘山。冊封為真人。至元時。劉氏經堂前有大槐。忽夢一女冠。自称麻姑。乞此樹修廟。劉謾許之。旣寤。異其事。後数日風雷大作。失槐所在。即詣麻姑廟。槐巳卧其前矣。重和初。賜額曰顯異。

有象列仙全傳卷之四終

呂恭

黃初平

羅真人

諶母
諶姆

費長房

藍采和

耆域

王質
王質

葛玄

曹仙媪

孫登

嵇康

吳猛

文簫
吳彩鸞

許遜

黃仁覽

郭璞

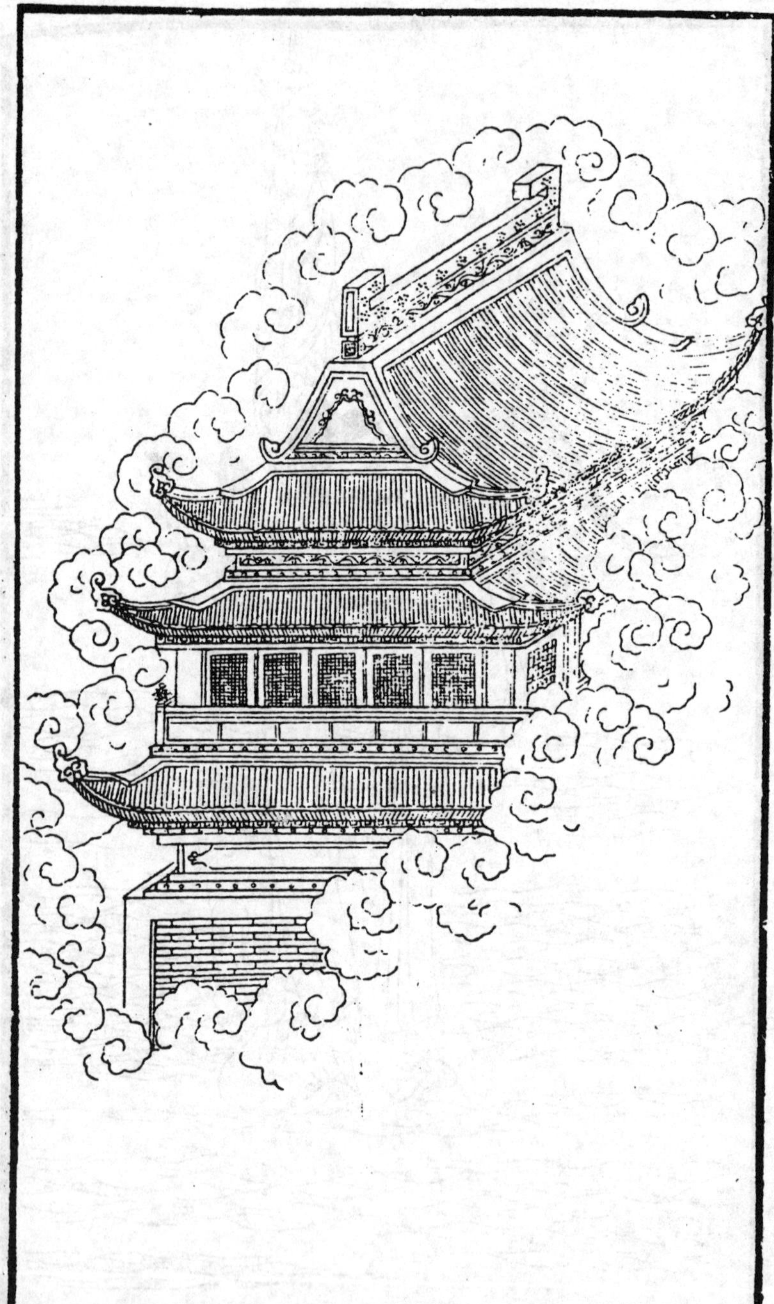

王道真

鄭思遠

有像列仙全傳卷之五

吴郡　王世貞輯次
新都　汪雲鵬校梓

劉綱字伯鸞晋上虞令與妻樊夫人俱有道術能檄召鬼神禁制變化之道然潛修密證人不能知為理尚清靜簡易而政令宣行民受其惠盖邑無旱暵漂墊之害無疫毒鷙暴之傷年歲大豐遠近忻仰暇日常與夫人較其術用綱作火燒客碓舍火從東而起夫人即作雨從西來禁之庭中兩枝桃夫人呪一株使之自落箱篋中綱所呪者數落籬外綱唾盤中即成鯽魚夫人唾盤中成獺食其魚綱與夫人入四明山路值虎綱禁之虎伏

不起向綱號之。夫人徑往虎前。虎以面向地。不敢仰視。夫人以繩牽虎歸。繫於床側。綱每共試俱不能勝。將昇天。縣聽側有大皂莢樹。綱昇樹數丈。始能飛舉。夫人即平坐床上。冉冉如雲之舉。遂同昇天。樊夫人附

東陵聖母海陵人。師事劉綱。得道。能易形變化。隱顯無方。適杜氏。杜不信道。常恚怒之。聖母時或理疾救人。而有所詣。杜恚愈甚。遂訟官出之。云聖母姦妖不理家務。官收聖母付獄。頃之。從獄窗中飛去。衆望之。見轉入雲中。留所着履一緉在窗下。遠近立廟祠之。禱祈立効。常有一青鳥在祭所。人有失物者。乞問所在。青鳥即集盜人之屋。因是路不拾遺。歲月弥久。亦不復爾。至今海陵人

不敢為偷盜之事。大者即風波沒溺，虎狼呑噬。小者即病傷也。

張昭成，字道融，學道不解。每端坐室中，出神數百里外，能馴虎豹。晉咸康中，年一百十九歲卒。而尸溫溫如生。旣葬，居人見白鶴穿墓而出，有彩雲盛之。後啓其墓，惟冠履在耳。

孟欽，洛陽人。得左慈劉根之術，百姓慕而趍之。苻堅召詣長安，復惡其惑衆。命苻融誅之。融乃設宴酒酣，目左右收欽。欽化為旋風而去。頃之，有告在城東，融遣騎追之。垂及，忽又遠。或有兵拒之。或前有溪澗，騎不得過，遂不知所在。堅沒，復見青州，苻朗尋之，復入海山，後仙去。

范豹。巴西閬中人。父於支江百里洲修煉。噓噏有五色光。冬月惟着單衣。値温時。頭已斑白。至宋文帝時。狀貌不變。占吉凶驗如指掌。或問曰。先生殆謫仙耶。答云。我曾見周武伐紂。初戰時。前歌後舞。文帝召見。豹答稱我或稱吾。過太子宮。指宮門曰。此中有博勞鳥。奈何養賊。文帝惡之。勑豹自盡。下尸江中。仍使埋於新亭赤岸岡。明年。豹弟子陳志夜起。忽覩光明如畫。而見豹入門就榻坐。又一老翁後至。豹起迎之。志問是誰。豹笑而不答。須臾俱出。文帝聞之。令發其棺。無尸。始悔異之。

交阯道士。萬州城南有道士。自言年九十九。交阯人。因渡海。船壞。結庵於此。養一鷄。大如倒挂子。日置枕中。啼即夢覺。又畜一獼孫，大如蝦蟆。以線係几案間，道士食已即登几食其餘。又有龜，大如錢。置合中。時使出戲衣裙間，僧惠洪見之戲曰。公小人國中引神道也。

王玄甫，沛人。同異人鄧伯元，學道於霍山赤城。受服青精石飯。日精丹景之法，積三十四年。乃內見五臟。夜中能書。晋穆帝永和元年正月十五日。天帝遣羽車迎之。玄甫與鄧伯元乘雲駕龍。白日昇天。云詔玄甫為中嶽真人。鄧伯元附

謝仲初。袁州萬載人。修煉於閤皂山。得道而歸。過縣西。見其無水，拔劍刺地。湧泉甘潔。過江無舟，以竹葉渡之。後登謝山。冉冉飛去。

馬儉。扶風人。博通經史。秦甘露中。從孫徹學道。授以五符
真文。斷穀服水。行氣導引。遂役使萬靈。制御群邪。姚萇
聞而異之。徵召不至。乃給之香燭。一日天神降而言曰。
法師勤修道業。積有日矣。必得度世。後年九十八。返真
而白雲舉焉。

王嘉。字子年。隴西安陽人。貌醜。滑稽好語笑。不食五穀。不
衣美麗。不與世人交。隱于東陽谷。鑿穴而居。言未來事。
多隱語。如讖記。當時人莫能曉。事過皆驗。苻堅南征。遣
人問嘉。嘉曰。金堅火強。乃乘使者馬。正衣冠。徐徐東行。
數百步。策馬馳反。脫服棄冠履。下馬踞牀而不言。堅不
解。更遣人問國祚云何。嘉曰。未央。堅欣然以為吉徵。明

年癸未。堅大敗于壽春。遂亡秦國。是歿在未年也。秦居西為金。晉居南為火。火能爍金也。嘉尋移嵩高山。姚萇與苻登相持。萇問嘉曰。吾將殺登。天下可得否。嘉曰。略得之。萇大怒曰。得當云得。何略之有。遂斬之。及二弟子。先是萇遣使隴右。逢嘉將兩弟子逍遥途中。正是誅嘉日也。嘉仍作書與萇。萇令發嘉及二弟子棺。並無尸。各一竹杖而已。

隗謙。魏郡人。精于易。嘗在建康筮卜。一卦百錢。日限錢五百。以三百供母。二百飲酒。并施貧寒。五百足。則卦雖千錢不筮也。晉海西公見赤蛇蟠于御牀。俄爾失蛇。詔謙筮卦。謙曰。晉室有磐石之固。陛下有出失之象。海西曰。

可消伏否。謙曰。後年應有大將北征失利。損三萬人。此災乃消。後桓溫北征敗績。還石頭。遂廢海西。立簡文。桓溫妾產桓玄時。至艱。謙筮曰。公第六間馬埒壞。竟便產。當是男兒。聲氣雄烈。後當震動四海。溫贈錢三十萬。夫人亦贈三十萬。謙辭無容錢處。溫不聽。後日筮三卦。養母。溫錢日求醉客。不問識與不識。一日母亡。謙辭酒家許氏曰。因緣盡矣。安葬畢。遂去。數日許氏家人於落星路邊見謙卧地。始謂其醉。捉手牽引。惟空衣無尸。

文斤。晉南昌人。號超然子。咸安中。為邵州高平令。遇異人。授以丹訣。遂弃官歸。康寧二年。仙去。

麻衣子。姓李。名和。生而紺髮美姿。稍長。厭世穢腐。遂入終南山。忽遇一道者授以道秘。戒之曰。南陽之間湍水之陽。有山靈堂。岩洞其旁。神開汝鄉。汝則往之。可以會神于蒼茫。麻衣往求之。遇樵者導其處。居洞中十有九年。晋義熙間。大旱。居民張奭。率衆請雨。麻衣以無術荅之。請者不輟。是夕有少年十二人謂麻衣曰。若再請。但許之。麻衣怪而諾之。翌日果大雨。十二人復來拜曰。吾屬龍也。上帝以師道業成。令輔師行化耳。劉宋大明初年百有一歲。儼坐而尸解。

酆去奢。衢州龍丘人。為崇仙宮道士。家住九峯山下。少學道術。精思忘疲。年三十餘。劉宋初年。隱處州嵩陽縣安和觀。觀即葉靜學道之所。觀北五里有卯山。高五十餘

丈世傳張天師及葉靜皆居此山修道去奢慕前事即
結庵以居山東南一方石闊二丈餘去奢常坐其上拱
默靜想感神人謂之曰張天師有斬邪劍一口并一石
瓶貯丹此石下可以取之去奢謝曰此石天設非人力
可加自惟荒謬山棲獲安允蒙聖祐丹之與劍未敢輒
取神人肯首曰但勤修無怠劍丹當自致也後三年神
人以劍丹付去奢果張天師七星劍丹貯石瓶中約有
斗餘如麻子紅色光明去奢自服或施病人皆愈時罹
水縣人華造因中和荒亂之後擁土人據縣朝廷遂授
造刺史造素兇肆聞去奢神與丹劍率兵圍其山執去
奢并劍丹到州藏其劍丹而囚鏁去奢於空室時方炎

暑。一月不通飲食。造謂去奢已斃矣。及開室。奢神色儼
然。顏容紅白。愈佳於來時。造驚異。乃送去奢歸山。留其
劍丹。當夜風雷。劍丹飛去。仍歸去奢所居山十五年。自
言雷雨只在山半。常見飛龍雷公電姥。神鬼甚衆。相見
咸致禮焉。又寄宿道觀。道士夜聞去奢所居室。若與人
談話。竊窺之。惟聞異香環珮聲。或見有戴遠遊冠。絳服。
螺髻。垂髮。碧綃衣。男女數人共坐。侍從皆童男女。光明
照身。復有神明遠伺於側。殊為虔敬。一日去奢告觀中
道士曰。恐當離此山去。不能常相見也。後數日。有綵雲
鸞鳴。天樂滿空。徘徊山頂。俄有靈官駕五色龍鹿來迎
去奢。白日昇天。山下居民咸得覩焉。

韓越南陵冠軍人。心慕神仙形。類狂愚。隨師長齋。誦詠口不輟。常着屐。行無遠近。入山或數百里。當日輒還。家人每問。未嘗實對。後鄉人斫柘木作弓。於大陽山絕岸石室中。見越與六七仙人讀經。越後自山中還。至鄉村暴亡。家迎喪。覺棺輕。發看惟竹杖耳。宋孝武大明中。越鄉人為臺將北使。於青州南門遇越。容貌更少。訪問親故存亡。共語移時。又云吾婦患嗽未差。今寄散藥一囊。令溫酒頓服之。臺將還。具傳越言。越婦服散。嗽即愈。

孫愽。河東人。好讀書。善屬文。晚學道。能使草木皆為火光。行水中。衣不沾濡。人有疾。指之言愈即愈。出入山間石壁。如有穴者。後入林慮山。合神丹仙去。

孫遊岳。東陽人。潛神希微。宋太初中。遇簡寂先生。授以三洞經法。後茹芝却粒。顏色精爽。久而愈少。齊永明初詔主興世館。由是奇逸之士。爭相趍赴。後安坐羽化。門弟子數百人。惟陶弘景為入室。

陶弘景字通明。秣陵人。初母夢青龍自懷而出。兩天人皆傍執香爐。已而有娠。生而幼有異操。十歲見葛洪神仙傳。晝夜研尋。便有養生之志。謂人曰。仰青雲覩白日。不覺為遠矣。父為妾所害。終身不娶。及長身長七尺七寸。神儀明秀。朗目踈眉。細形長額。聳耳。耳各有七十餘毛。出外二寸許。右膝有數十黑子。作七星文。讀書萬卷。一事不知。以為深恥。善琴棋。工草隸。弱冠。齊高帝作相。引為諸王侍讀雖在朱門閉影不交外物惟以披閱為務家貧求宰縣不遂永明十年脫朝服掛神武門上表辭祿詔許之勅所在月給茯苓五斤白蜜二升以助服餌公卿祖之供帳甚盛咸云宋齊以來未有斯事朝野榮之乃止于句容之茅山立館號曰華陽隱居書札即以隱居代名始從東陽孫游嶽受符圖經法徧歷名山尋訪仙藥每經澗谷必坐臥其間吟詠盤桓不能已謂門人曰向永明中求祿得輒差舛若不爾豈得為今日之事不惟身有仙分抑亦緣勢使然沈約為東陽守高其志節累書邀之竟不至弘景為人員通謙謹出處冥會心如明鏡遇物便了言無煩璅人亦隨覺永元初架三

層樓弘景處其上弟子居其中賓客至其下與物遂絶惟一家僮得至其所元善騎射晚皆不為雅聽吹笙而已特愛松風庭院皆植松每聞其響欣然為樂有時獨游泉石望見者咸以為仙人性好著述尚奇異顧惜光陰老而彌篤尤明陰陽五行風角星筭山川地理方圓產物醫術本草帝代年歷深慕張良為人每云古賢無比齊末有謡曰水丑木為梁字及梁武禪代弘景援引圖讖數處皆成梁字令弟子進之武帝既早與之游即位後恩禮愈篤及得神符秘訣以為神丹可成而苦無藥物帝給黃金朱砂曾青雄黃等物乃合飛丹色如霜雪服之體輕帝服亦有驗益敬重之屢加禮聘並不就

惟畫兩牛。一牛散放水草之間。一牛著金籠頭。有人執繩以策驅之。武帝笑曰。此人欲效曳尾之龜。豈可復致。國家每有大事。無不咨之。時謂山中宰相。年逾八十。無異壯容。仙書云。眼方者壽千歲。弘景末年一眼有時而方。曾夢佛授其菩提記云。名為勝力菩薩。乃詣鄮縣阿育王塔自誓。受五大戒。後簡文帝臨南徐州。欽其風素。退居後堂召之。弘景葛巾進見。與談數日而去。帝甚為敬異。其弟子桓闓得道。將昇天。弘景問曰。某行教修道勤亦至矣。得非有過。尚淹延在世乎。乃托闓探之。闓昇天。後還。謂弘景曰。師之陰功極著。但所修本草。多用虻虫水蛭之類。功雖及人。亦傷物命。以此一紀後方得解形拂世。為蓬萊都水監耳。弘景復以草木之藥。可代物命者。著別行本草三卷。以贖其過。一日無疾。自知應逝。逆尅亡日。仍作告逝詩。大同二年卒。時年八十五。顏色不變。屈伸如常。香氣累日氤氳滿山。所著有學苑百卷。孝經論語集註。帝代年曆。本草集註。効驗方。肘後百一方。今古州郡記。圖像集要。玉匣記。七曜新舊術疏。占候合丹法式。諸書。行于世。

桓闓者。不知何許人。役事陶隱君。居茅山十餘年。立性端謹。執役之外。寂然無為。一日有二青童。一白鶴。自空而下。集于庭。隱君欣然而接。謂必已當之。青童曰。太上所召者桓先生耳。隱君默計門人皆無姓桓者。頃之云是執役桓闓、詰其所致、曰常修默朝之道、親朝大帝、已九年矣。闓乃服天衣、駕白鶴、升虛而去、如前云云。

寇謙之、昌平人。少遇仙人成功興、與之遊嵩華。拾仙藥、遂隱嵩陽。元魏始光中、召至闕、崔浩師事之。一日謂弟子曰、昨夢功興召我于中嶽仙宮。遂坐化、有青氣如煙、從口出、至半天乃消。其體漸縮、識者謂其尸解。後東郡沈猷、見謙之在嵩山、身作銀色、光明如日。始知其為仙矣。一云、功興嘗出遊、謂謙之曰、吾去後、當有人持藥相遺、但食之。果如所言、視其藥、皆臭虫惡物、謙之難之、其人還以對、功興嘆曰、謙之未易得仙耶。一日功興謂謙之曰、吾明日午時當去、子幸為沐浴、自當有人見迎功興、即入石室而卒。謙之親為沐浴，浴畢，果有扣石室者。謙之出視，見二童子。一持法服，一持鉢杖，謙之引入至功興尸所，功興倏然而起，著衣持鉢執杖而去。魏明帝神瑞二年，一日，老君乘白馬車，九龍驂駕，降嵩陽山頂。命仙伯王方平引謙之至前，曰：汝向道殊虔，今授汝天師之任。汝其勉之。又遇神人李譜文，云老子之玄孫也，授以圖籙真經六十餘卷，自是道益精，羽化而去。成功興附

韋節，京兆杜陵人，後魏時，棄官謁趙法師，入華山，因號華陽子。餌黃精，撰三洞儀序，老子易論。周武帝賜號精思法師。有白鶴臨壇。天和四年，忽彩雲如蓋，覆其廬。節曰：吾當乘此而去。遂化升。

鹿皮翁淄川人。少精木工。岑山上有神泉人不能至也。翁於泉上作轉輪閣。又於山顛作祠舍，留止其傍七十年，一日下山呼宗族六十餘人上山半。俄淄水盡漂一郡，後百餘年復賣藥于市。

王知遠系本琅琊。父曇選。陳楊州刺史。母晝夢鳳集其身，有娠，浮屠朱寶誌謂曇選曰，生子當為世外士。後知遠警敏，通書，得侍陶弘景，傳其術，為道士，後主聞其名，召入。甚見恣挹，隋煬帝亦執弟子禮。又嘗識唐太宗於微時。貞觀初。詔即茅山為觀居之。忽謂弟子曰。吾今將少室仙伯矣將行。沐浴衣冠，若寢而卒。時年一百二十六歲云。

張岳字巴王齊封川縣人官至司空慕長生久視之方全家齋戒誦大洞真經持三百大戒二十年有神人持藜杖至岳家謂岳曰吾葛洪也奉上帝命授予金丹火冉之訣汝可秘而行之以濟貧苦他時功滿再相見也後點石為金日濟孤老貧困梁武天監二年秋夜半聞空中喚岳云清晨可挈家入山岳遵神言全家而往惟留使女盧瓊在家至辰巳間有一道流身生疥癩問盧女曰司空在否曰司空入山未歸問酒庫何在盧女指示之道者脫衣入酒缸中浴疥癩良久而去且謂盧女曰傳語司空葛道士特來相訪司空歸聞之喜甚開庫酒有異香遂令合家飲之惟盧女見其浴托疾不飲司空

飲罷乃沐浴更衣集諸弟子曰上帝召予今將與汝辭矣言訖祥雲擁鸞鶴下迎舉家八十餘口白日昇天惟盧女至半空從雲而墜繼上帝命女為土地以守仙壇

萬振字長生南昌人得長生久視之道顯晦齊梁間人莫知其年或云是旌陽欒巴之徒唐高宗時漁者得青石長七尺扣之有音樂聲郡守獻于朝高宗命碎之得二劍鐔上刻天師姓名帝異之召見曜日殿後尸解于京師數日啓棺惟有一杖一劍詔以銅函盛劍杖葬于西山天寶洞之側

鄧郁隱居衡山三十餘載魏夫人乘雲而至謂郁曰君有仙分故來相訪天監十四年忽見二青鳥如鶴大張翼

鳴舞移晷方歇郁謂弟子曰青鳥旣來期會至矣乃乘
青鳥而去
羅郁號萼綠華九疑山得道女也梁簡文帝時降黃門郎
羊權家贈權詩及火浣布金玉絛脫各一時已九百歲
韋昉蜀人夜泊涪陵江忽遇龍女遣騎迎入宮後昉登第
十年知閬州龍女復遣書相迎云勅命昉充北海水仙
曾文廸雩都人天文讖緯黃庭內景之書靡所不究而地
理尤精梁貞明間遊至袁州府萬載縣愛其縣北西山
謂其徒曰死葬我于此卒葬其地後其徒於豫章復見
之如初
徐則東海剡人沉靜寡慾少懷栖隱之志入縉雲修道日

久太極徐真人降。謂曰。汝年出八十。當為王者師。然後
得道。因廬天台山絶粒。所資惟松术而已。隋煬帝為晉
王鎮楊州時。以書召之。謂門人曰。吾今年八十一。而王
召我。徐真人之言驗矣。既至。晉王請授道法。辭以時日
不利。其夕忽返真。王使人送櫬還天台。江都道中人有
見其徒步歸者。則至天台。以經書道法遺弟子。仍掃一
室曰。當有客使至。宜延之于此。乃跨石梁而去。時年八
十二也。明日果使者至。後晉王使圖其形。命柳䛒為贊。
蕭子雲字景喬。南齊高帝之孫。封郡公。好仙術。師事杜曇
永。頗得其秘。兼善草隸。名重一時。忽有神人降。言郁木
坑可以久居。乃移家寓焉。一旦上帝賜玉冊。封為玄洲

長史後人入其居址往往有見之者。
楊羲。句容人。學道于茅山。後師魏夫人。太和十三年。乘雲上昇。為東華上佐。

白鶴道人。梁武帝時方士。愛舒州潛山奇絕。特有浮屠寶誌者。亦欲之。武帝命二人各以物識其地。得者居之。道人以鶴止處為記。寶誌以卓錫處為記。已而鶴先飛去。忽聞空中飛錫聲。遂卓於山麓。而鶴復止他處。遂各以所識築室焉。

王延。字子元。扶風人。九歲即好道。師焦曠真人。授三洞秘訣。惟松飡水飲。周武帝召至都。久之。得請還山。嘗寓西岳。乏油。乃置一器。經夕自滿。凡賓客將至。先有二青鳥報之。居處常有虎豹馴遶。若相保衛。隋文帝禪位。置仙都觀。詔延主之。仁壽四年春。謂門人曰。吾欲歸西岳。但恐上未許。乃委化于仙都觀。帝遣使護葬于西岳。及就壙。但空棺而已。

李順興。杜陵人。年十五。乍愚乍知。言未來事多中。常冠道士冠。好飲酒。蕭寶寅反。召問曰。朕王可幾多年。對曰。天子有百年者。有百日者。及寶寅敗。裁百日也。其黨棒殺順興。置城隍中。頃復起如初。又嘗卧太傅梁覽家。以衣倒覆身上。及覽通使東魏事覺被誅。其衣倒覆。果如順興之為。又嘗乞驪山下廢地于周文。周文曰。何用。曰。有用。未幾周文至温湯遇患。卒于其地。

孫思邈。華原人。七歲。日誦千言。獨孤信見之曰。聖童也。顧器大難為用耳。及長。好談老莊。周宣帝時。以王室多事。隱於太白山學道。鍊氣養神。求度世之術。洞曉天文推步。精究醫藥。務行陰德。偶見牧童傷小蛇血出。思邈脫衣贖而救之。以藥封裹。放於草內。旬餘出遊。見一白衣少年下馬拜謝曰。吾弟蒙道者所救。思邈未即省。少年復邀思邈至家。易以巳馬。偕行如飛。至一城郭。花木盛開。金碧炳耀。儼若王者之居。少年延思邈入。見一人袷帽絳衣。侍從甚衆。忻喜趍接。謝思邈曰。深蒙道者厚恩。故遣兒子相迎。因指一青衣小兒云。前者。此兒獨出。為牧豎所傷。賴道者脫衣贖救。得有今日。乃令青衣小兒拜謝。思邈始省昔日脫衣救青蛇之事。潛問左右此為何所。對曰。此涇陽水府也。緋衣王者命設酒饌妓樂宴思邈。思邈辭以辟穀服氣。惟飲酒耳。留連三日。乃以輕綃金珠相贈。思邈堅辭不受。乃命其子取龍宮奇方三十首與思邈曰。此可以助道者濟世救人。復以僕馬送思邈歸。思邈以是方歷試皆效。乃編入千金方中。隋文帝徵為國子博士。不就。嘗密謂人曰。過此五十年。當有聖人出。吾方助之以濟生民。至唐太宗召。始詣京師。上訝其容少曰。故知有道者誠可尊重。羨門之徒。豈虛言哉。求徵三年。年已百餘歲。一日沐浴。衣冠端坐。謂子孫曰。吾今將遊無何有之鄉矣。俄而氣絕。月餘顏色不變。

及入棺。唯空衣焉。後明皇幸蜀。夢思邈乞武都雄黃。即命中使齎十斤送於峨眉頂上。中使上山未半。見一人幅巾被褐。鬚眉皓白。二青衣童。丸髻夾持。指大盤石曰。可置藥於此。石上有表。錄謝皇帝。使視石上大書百餘字。遂錄之。隨寫隨滅。寫畢。石上無復字矣。須臾白氣漫起。因忽不見。成都有一僧誦法華經甚專。雖兵亂。卒不能害。忽一日有僕人至云。先生請師誦經。經過煙嵐中。入一山居。僕云。先生老疾起遲。請誦經至寶塔品。欲一聽之。僧誦至此。先生出。野服杖藜。兩耳垂肩。焚香聽經罷。遂供僧以藤盤竹箸。秫飯一盂。杞菊數甌。僧食之。絕無塩酪。味美若甘露。復贈錢一緡。僕送出路口。僧因問曰。先生何姓。曰。姓孫。曰。何名。僕於掌中手書思邈二字。僧大駭視。僕遽失不見。視錢皆金錢也。僧自此身輕無疾。宋真宗時。僧已二百餘歲。後莫知所之

黃子陽。後魏人。知長生之訣。住博落山中九十餘年。但食桃皮。飲石中黃水。後司馬季主以導仙八方傳之。遂能度世。

趙真人。名昱。得仙教。隱於青城山。隋文帝聞。詔使聘之。以為蜀郡太守。郡有冷源大河。河藏毒蛟。蛟動則河決傷人。端陽日。真人命千兵鳴金鼓于河上。遂下水斬蛟。頃之。見太守右手執劍。左手執蛟頭而出。時同入水者六人。人因號為七聖。及隋亂。復隱去。樓神記云。即灌口二郎神也

潛翁。隋開皇中。錬形於漳州石壁山。養白蝦蟆以自隨。後
不知所終。

岑道願。江陵人。隋末。避難至三峽。隱萬州岩。常食黃精。空
見喜怒。百餘歲。膚若冰雪。積二十年。蛻迹而去

崔之道。舒城人。為真源宮道士。嘗見二仙人對奕。與一棋
子令吞之。自此言禍福輒應。後尸解去。

瞿夫人。豫章人。隋末。兄為辰州刺史。有黃元仙者。自豫章
來。刺史素高其行。以夫人妻之。復薦其才德以自代。隋
亡。乃弃官與夫人隱于州西之羅山。貧甚。為人傭織以
養其姑。如此者十年。一日忽謂元仙曰。昨有帝命。當與
君別矣。俄化為青氣數丈。騰空而去。

張果。隱於恒州中條山。往來汾晉間。得長生秘術。耆老云。
為兒童時見之。已言數百歲。常乘一白驢。日行數萬里。
休息時折疊之。其厚如紙。置于巾箱中。乘則以水噀之。
復成驢。唐太宗高宗徵之。不起。武后召之。出山佯死於
妬女廟前。時方炎暑。須臾臭爛生蟲。於是則天信其死
矣。後有人於恒州山中復見之。開元二十三年。明皇詔
通事舍人裴晤。馳驛於恒州迎之。果對晤氣絕而死。晤
乃焚香。宣天子求迎之意。俄頃漸蘇。晤不敢逼。馳還奏
之。復命中書舍人徐嶠。通事舍人盧重玄。齎璽書迎果。
果到東京。於集賢院安置。備加禮敬。公卿皆往拜謁。帝
問神仙。不答。善息氣。累日不食。數飲酒。上賜之酒。辭曰。

小臣飲不過二升。有一弟子可飲一斗。明皇聞之喜。令召之。俄頃一小道士自殿簷飛下。年可十五六。美姿容步趣閑雅。謁見上。言辭清爽。禮數臻備。明皇命坐。果曰。弟子當侍立。明皇愈喜。賜酒。飲及一小斗。果辭曰。不可更賜。過度必有所失。致龍顏一笑耳。明皇因逼賜之。醉。酒從頂上湧出。冠衝落地。忽化為金榼。上及嬪御皆驚笑。視之。失道士矣。但金榼在地。驗之。乃集賢院中榼也。榼僅貯一斗酒。累試仙術。不可窮紀。果嘗言我生堯丙子歲。位侍中。其貌若六七十許。時邢和璞善知人夭壽。師夜光善視鬼。帝令和璞推果壽。則懵然莫知。帝使夜光視之。不見果所在。帝謂高力士曰。吾聞飲堇而無苦者奇士也時天寒因取以飲果三進頹然曰非佳酒也乃寢頃視齒焦縮顧左右取如意擊墮之藏帶中出藥傅之良久齒復出粲然如玉上狩咸陽獲一大鹿將令大官烹之果曰此仙鹿也已滿千歲昔漢武帝元狩五年臣曾侍從畋于上林獲此鹿乃放之上曰鹿多矣時遷代變豈常存乎果曰武帝放之時以銅牌誌於左角下遂命驗之果有銅牌二寸許但文字凋落耳上曰元狩是何甲子至此年凡幾果曰是歲癸亥始開昆明池今甲戌八百五十二年矣上命太史校其曆畧無差焉上問葉法善曰果何人也答曰臣知之然臣言之即死故不敢言若陛下能免冠跣足救臣臣方敢言上許之

法善曰。混沌初分。白蝙蝠精。言未絶。七竅流血。僵仆於地。上遽詰果所。免冠跣足。自稱其罪。果徐曰。此兒多口過。不罰之。恐泄天地之機耳。上復哀懇。久之。果以水噀其面。法善即時復生。帝益重之。詔圖形集賢院。號通玄先生。果屢陳老病。乞歸恒州。賜絹三百疋。隨從弟子二人。給驛肩舁到恒州。弟子一人放回。一人相隨入山。天寶初。明皇遣使徵果。果聞。輒卒。弟子葬之。後發棺。但空棺而已。帝立棲霞觀祀之。

葉法善。括蒼人。世為道士。嘗游白馬山。石室遇二仙人。授以正一三五之法。能厭劾怪鬼。唐高宗召詣京師。欲寵以官。不拜。睿宗時。拜鴻臚卿。封越國公。開元八年尸解。

崔子玉名珏蘄州彭城人人稱為崔府君以其晝理陽間
夜斷陰府也初父讓艱於嗣與母禱於衡岳是夜母夢
仙童擎一合曰帝賜合中物令汝夫婦吞之啓合見美
玉二枚夫婦各吞其一覺而有娠誕于隋大業三年六
月六日子玉兒時神采煥發日誦千言不類群兒之戲
迥然自異唐貞觀七年應賢良科除潞州長子縣令發
擿人鬼無異神明一日示諭居民自五月望日及望後
一日無得私宰獵射時有潛出郭外弋得兎一隻為城
吏捜執庭下子玉訊之曰若故犯禁吾不能釋若雖然
顧即縣庭受罰陰府受罰弋人自揆陰理幽遠願於陰
府言訖輒令放還是夜弋人方就枕見一黃衣吏拘至

一殿庭。見子王王者冠服。檢諸犯罪狀。或促其年。或墮其後。或減損其祿位。弋人亦加决罰。令還。遂驚夢覺悔恨無及矣。一日門吏白曰。雕黃嶺有虎甚傷人。子王即遣吏孟完賫符牒至山廟勾虎。虎即出。御牒隨吏至縣。子王責之曰。汝乃異類。而啖食人命。罪無赦。虎自觸階而死。太宗嘗呼為仙吏。無何復遷令滏陽縣。縣西南五里有河。時忽汎漂民田。子王於河上設壇。奏詞上帝。頃間見一巨蛇浮於水面而死。水輒消去。一日子王與楊叟奕。忽有黃衣數輩執符而前曰。奉帝命。召崔子玉為磁州都土地。次有百餘人捧玉珪玉帶。紫服碧冠。五岳位旗簫韶盈耳。復有一神控白馬至。曰。帝命即行。於是子王囑二子曰。吾將去世。無得過慟。乃書百字銘以訓二子。若寢而逝。年六十四。安祿山反。玄宗夜夢神人告之曰。賊當自滅。陛下無恐。帝問姓名。對曰。臣滏陽令崔珏也。帝還闕。建廟封為靈聖護國侯。宋高宗走鉅鹿時馬斃。冒雨獨行。路遇三岐。不知所適。忽見一白馬前行。帝欲及乘之。逐其後。晚至一神祠。見廡下有一土白馬。就視之。汗出如雨。因宿廡下。夢紫袍人以杖擊地曰。亟行。帝驚起。飢甚。正躊躕。聞殿內有聲。乃登殿觀像。即夢中見者。視板題云。磁州都土地崔府君。板後有一合。內有酒肉。帝輒食之。欲出。向白馬復前導。至斜橋谷始不見。遂遇耿南仲將民兵數千來迎。及南渡。首為立廟。

苗龍唐初人失其名能畫龍人以苗龍呼之後得道仙去今紹興龍瑞宮東南一峯上平如砥相傳苗龍上昇處

羅通微臨晋人少樵新山中遇閻使君宋謂曰子骨法可學長生遂冠褐五老山學步虛絶粒唐貞觀中一日謂人曰我當歸明日大會士庶俄雷震地下青龍躍出遂跨龍飛去

匡智長安人唐貞觀間棄妻子與姪大郎適廬山修道居七日有老人曰廬山陰地也仙不可得南有名山可往居之乃至吉州望見義山山神化為樵夫引入山中曰此處安穩遂立壇修行數年忽降一仙衣智服之但見足下雲生上昇而去大郎亦為地仙匡大郎附

明崇儼洛州人少隨父令安喜吏有能召鬼神者崇儼盡得其術以奇技自名唐高宗召見甚悅盛夏帝思雪崇儼坐頃取以進云徃陰山取之冬月帝憶瓜崇儼索百錢須臾以瓜獻云得之緱氏老人圃中帝召老人問其故曰埋一瓜失之土中得百錢。

王旻居洛陽青羅山已數百歲唐開元中召至京待以優禮復遣從李元靖求補仙書還請歸舊山不復入城市嘗與達奚侍郎徃還死後猶杖屨詣達奚人始知其尸解。郎王旼。又作王昄。同異見后六卷。

蘭冲虛涪州人居於精思觀唐神龍乙巳秋一夕乘雲仙去。

韋善俊京兆人母王氏姙時每啖血食則腹痛蔬食即無
恙既生至十三歲遂長齋遇道士韓元最授以秘要常
有二青童侍左右嗣聖中寓昇仙觀有神人厲聲曰子
何人輙來此宜速去善俊曰神人試我耳何相逼太甚
神人遜謝而去又嘗過壇墟店遇黑犬蹉旋不去因畜
之呼為烏龍一日謂弟子曰吾百年學道今太上召我
我當去矣其犬忽長數丈化為黑龍善俊乘之而去
僕僕先生居黃土山中嘗餌杏丹乘雲往來唐刺史李休
光見以為妖令左右執之龍虎即見於其側先生乘之
而去天寶初因以仙居名縣
應夷節唐汝南人不喜茹葷性敏慧嘗游天台龍虎山師

馮惟良得上清大法，棲真天台之道元院。日誦黄庭大洞二經。為人致福數，至感應。忽一日沐浴。入靜凝神。翌日解化。是日清香馥郁，猿鶴悲鳴。及就窆，但空棺而已。

王帽仙，出入閭閻為人修弊冠。因號王帽子。暮則卧于涪州天慶觀。一夕尸解，道士為葬之。月餘自果州遺書致謝。

王遥，江西鄱陽人，得仙術。治病不用符水針藥，但以八尺布帊敷之。須臾病愈。若有邪魅，即畫地作獄，叩石呼之，皆入獄中。有一弟子負竹篋隨行。嘗冒風雨，衣皆不濕。一日兩炬導入石室中。有二人曰，卿何爲久住俗間。荅曰，當來。乃還家，自負竹篋而仙去。

司馬承禎字子微洛州温人事潘師正傳辟穀導引之術遍遊名山唐武后嘗召至之未幾去與陳子昂王維李白孟浩然賀知章盧藏用宋之問王適畢構為仙宗十友睿宗復迎至京師問其術對曰為道日損損之又損以至於無為帝曰治身則爾治國若何對曰身猶國也故游心於淡合氣於漠與物自然而無容私焉則天下治帝嘆詠曰廣成子之言何以加此辭歸天台盧藏用指終南山曰此中大有佳處何必天台對曰以僕觀之是仕宦之捷徑爾盧初隱終南後登庸聞言殊有慚色時女貞有焦静貞者泛海詣蓬萊求師至一山見道者指言曰天台山司馬承禎名在丹臺身居赤城爾良師

也靜貞既還詣承禎求度未幾先昇天復降謂薛季昌曰司馬先生得道高於陶都水之任當爲東華上清真人開元中文靖天師與承禎赴千秋節齋直長生殿中夜行道畢隔雲屏各就枕微聞若小兒誦經聲玲玲如金玉天師乃褰裳躡步聽之見承禎額上有小日如錢光耀一席逼而視之乃承禎腦中之聲也天師還謂其徒曰黃庭經云泥丸九真皆有房方圓一寸處此中又云左神公子發神語其先生之謂乎一日謂弟子曰吾于玉霄峯東望蓬萊有靈直降駕焉今爲東海小清童君東華君所召必須往俄頃化去如蟬脫弟子葬其衣冠焉時年八十有九玄宗親爲撰碑後人因名其所居曰

馬仙村有修真秘旨。天地宮府圖。坐忘論。登真系。等書

行於世。詔贈銀青光祿大夫。諡貞一先生。焦靜真附

饒廷直。唐南城人。第進士。嘗過武昌游黃鶴樓。忽遇異人

授以秘訣。自是不邇妻妾。翛然端居。後為鄧州通判。卒。

其柩還鄉。舁者甚輕。蓋尸解去矣。

班孟。不知何許人。亦云女子也。服酒餌丹。年四百歲。色如

少女。能飛行。能坐空虛之中。與人談語。又能入地中。初

沒足。漸至腰及胷。髻幘。良久而盡沒不見。又以指刻地。

即成井可汲。指人屋瓦。瓦即飛。嘗取人桑果數千株。聚

之如山。十餘日吹之各還其本處如故。又能含墨水噴

紙成文字。皆有意義。後入大冶山中仙去。

郞通微不知何許人。爲道士。神清氣爽。游止無定。常醉吟于道。多在豫章之間。人見其容益壯於前。一日登市樓醉飮飛昇而去。

黃華姑。撫州臨川人。姓黃。名令微。修道於井山。年八十餘。顏如處子。時人號曰黃華姑。唐開元中。尸解。刺史顏眞卿撰仙壇碑載其事。

有象列仙全傳卷之五終

劉綱

孟欽

交趾道士

謝仲初

扈謙

鄧去奢

孫博

陶弘景

桓闓

韋節

鄧郁

徐則

王延

孫思邈

趙真人

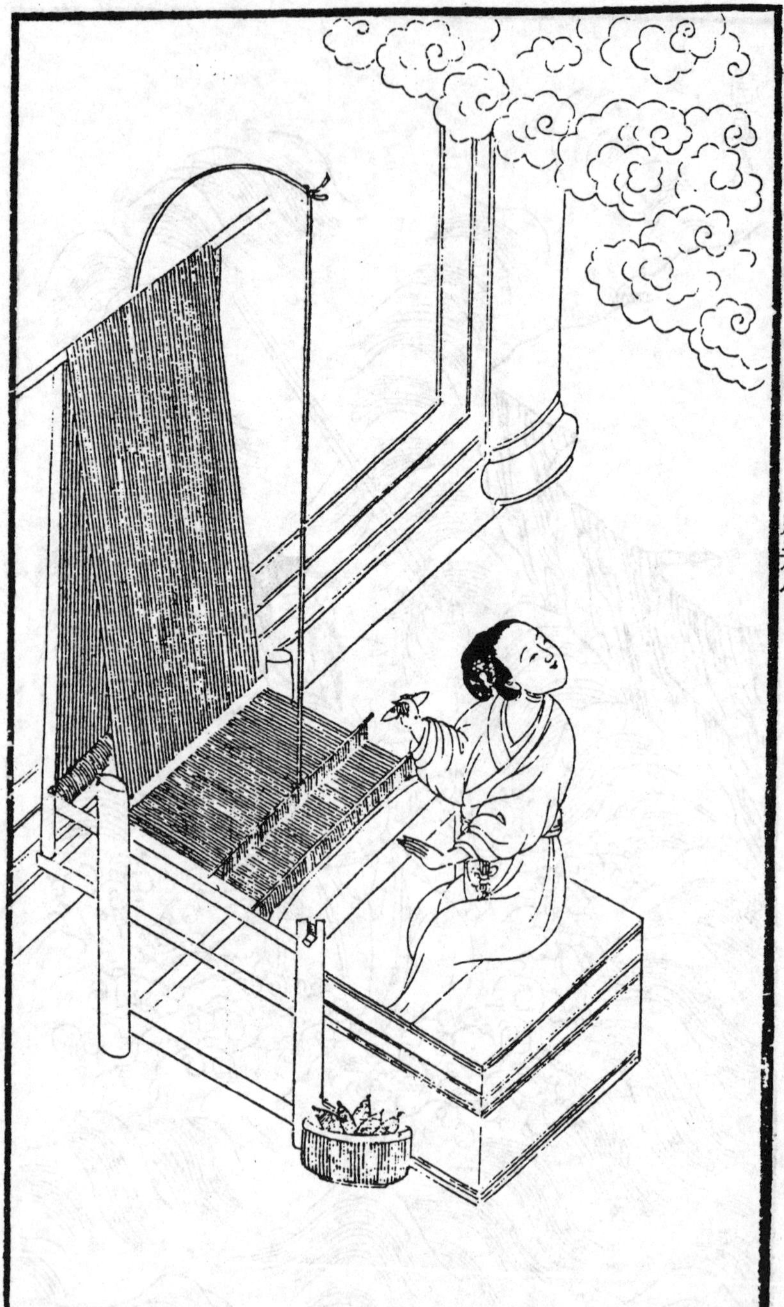
瞿夫人

張果

崔子玉

苗龍

匡智
匡大郎

明崇儼

韋善俊

王遙

司馬承禎

有象列仙全傳卷之六

吴郡　王世貞輯次
新都　汪雲鵬校梓

許宣平。新安歙縣人。唐睿宗景雲中。隱於城陽山南塢。結庵以居。不修服餌。時見不食。顏若四十許人。輕健行及奔馬。時負薪賣于市。擔上常掛一花瓢。携曲竹杖。每醉吟騰騰以歸。吟曰。負薪朝出賣。沽酒日西歸。借問家何處。穿雲入翠微。往來三十餘年。或施人危急。或救人疾苦。士人多訪之。不得見。但見庵壁題詩曰。隱居三十載。築室南山巔。靜夜翫明月。閑朝飲碧泉。樵人歌隴上。谷鳥戲岩前。樂矣不知老。都忘甲子年。仙詩甚多。常於驛路傳舍所到處輙題之。天寶中。李白東遊經傳舍覽詩歎曰。此仙人詩也。詰之知為宣平。於是遊新安。屢訪之亦不得見。因題詩於庵壁曰。我吟傳舍詩。來訪仙人居。烟嶺迷高迹。雲林隔太虛。窺庭但蕭索。倚杖空躊躇。應化遼天鶴。歸當千歲餘。宣平歸。見壁詩。乃自題曰。一池荷葉衣無盡。兩畝黃精食有餘。又被人來尋討着。移庵不免更深居。其庵輙為野火所燒。莫知宣平踪跡。後百餘歲至懿宗咸通十二年。許明恕婢。嘗逐伴入山採樵一日獨於南山中見一人坐石上。食桃甚大。問婢曰。汝許明恕家婢耶。婢曰是。曰。我即明恕之祖宣平也。婢曰。嘗聞家內說祖翁得仙。無由尋訪。宣平因謂婢曰。汝歸為我向明恕道。我在此山中。與汝一桃。即食之。不得將出山。山神惜此桃。且虎狼甚多也。婢食之甚美。須臾而盡。乃遣婢隨樵人歸。婢覺樵擔甚輕。到家。具言入山逢祖翁宣平。明恕怒婢。呼祖諱。取杖擊之。其婢隨杖身起不知所逝。後有人入山。見婢復童顔。遍身衣樹皮。行疾如飛。入深林不見。

聶師道。歙縣人。少學道。得服松脂法。乃登績溪百丈山採芝。後詣南嶽招仙觀。聞蔡真人舊隱。去洞靈源不遠。乃辟穀七日獨往。遇老父問所從來。因折草與之。師道咀之味甘。自是精健。每入山。虎豹見之。皆馴伏。號問政先生。一日謂其徒曰。我為仙官所召。語訖而逝。及斂。棺有聲。視之若蟬蛻然。後有自豫章來者。見之於道。

傳先生。學道焦山。精思七年。遇老君與一木鑽。使穿一石盤。石盤厚五尺許。戒云。石盤穿。可得仙。鑽四十七年。石穿。仙人來曰。志亦堅矣。授以金液還丹。服之仙去。

王可交。華亭人。業耕釣。一日擢舟入江。忽見中流有彩舫。舫中七道士。遥聞有呼可交名者。舟漸近舫。呼可交過一道曰。好骨相。合為仙。一道與之二栗。食之甘如飴。命黃衣送上岸。覔所乘舟不得。却在天台山瀑布寺前。有僧迎問之。可交曰。今早離家。是三月三日。僧曰。今巳九月九。半年餘矣。後絶穀。挈妻子往四明山。不復返。

李筌。號達觀子。居少室山。好神仙之道。得黃帝陰符經於嵩山虎口巖玉匣中，乃寇謙之所藏者，本已糜爛，筌抄讀數千遍，竟不曉其義。後入秦，至驪山下，逢一老姥，髽髻當頂，餘髮半垂，弊衣扶杖，狀貌甚異。偶路傍遺火燒樹，因自言曰：火生於木，禍發必尅。筌驚問曰：此黃帝陰符經文，姥何得言之。姥曰：吾受此經，已三元六周甲子矣。少年更從何得之。筌稽首再拜，以告所得。姥曰：少年顴骨貫於生門，命門齊於日角，血腦未減，心影不偏，德賢而好法，神勇而樂智，真吾弟子也。於是坐石上，與筌說陰符之義。久之，姥曰：日已晡矣，吾有麥飯，相與為食。袖中出一瓢，令筌谷中取水。水既滿，瓢忽重千餘斤，力不能制，瓢遂沉，乃還，已失姥所在，但留麥飯數升而已。

筌食之。自此絕粒。唐開元中。為江陵節度使副御史中丞。筌有將畧。作太白陰符經十卷。又著中台志十卷。時為李林甫所排。位不顯。竟入名山訪道。後不知其所之。

李白字太白。興聖皇帝九世孫。其先於隋末徙西域。神龍初。遁還。客巴西。白之生。母夢長庚星入懷。因以名之。十歲通詩書。既長。隱岷山。州舉有道。不應。蘇頲為益州長史。見白。異之曰。是子天才英特。少益以學。不減相如。後至長安。謁賀知章。知章見其詩。歎曰。子謫仙人也。言於玄宗。召見金鑾殿。論當世事。奏頌一篇。帝賜食。親為調羹。有詔供奉翰林。帝嘗坐沉香亭。時牡丹盛開。欲白為樂章。速召。適白已醉。左右用水頮其面。醉稍解。帝親使貴妃為之捧硯即成清平調三章筆無留意帝愛其才數宴見白嘗醉使高力士脫靴力士素貴恥之因摘其詩以激貴妃帝欲官白妃輒沮之白自知不為親近所容益驁放不自修與張旭等日醉時稱為酒中八仙懇求還山帝賜金放還安祿山反時永王璘辟白為寮佐璘起兵敗當誅初白游并州見郭子儀奇之子儀犯法白為救免至是子儀請解官并上所賜銀印以贖之詔流夜郎會赦還潯陽坐事下獄時宋若思將吳兵三千赴河南過潯陽釋囚辟為參謀未幾辭職訪當塗令李陽冰後代宗召咸謂白醉墮江死元和初有人海上見白與一道士在高山上笑語久之與道士於碧霧中共

跨赤虬而去。白龜年，白樂天之後也，嘗至嵩山，遥望東巖古木蕭幕翠地，信步往觀，忽一人至前曰：李翰林相招。龜年乃隨入，其人褒衣博帶，風姿秀發，曰：吾李白也。向水解為仙，上帝令吾掌牋奏于此，已將百年。汝祖樂天見在五臺掌功德所。出書一卷遺龜年，云讀之可以識禽言。後白海瓊亦云，李白今為東華上清監清逸真人，白樂天為蓬萊長仙主。白居易附

李長者自滄州來盂縣，日惟食十棗，一栢葉小餅，掩室著論，無虛時。後至冠蓋村，逢一虎馴伏，長者語虎曰：吾欲釋華嚴經，可與吾擇一棲止處。虎遂起，引至神福山，得一龕居之，乃著論，年九十六，化於龕中。

商棲霞歷陽人。唐太極中。居于白石山下彭仙洞。善吐納之術。絶粒三十年。後不知所往。

懶殘唐天寶初。居衡岳寺爲僧執役。食退即收其餘。性懶而食殘。因名之。李泌寓衡嶽。嘗夜往見之。懶殘方撥牛糞火煨芋。出半芋食之曰。愼勿多言。領取十年宰相。後果然。

湘中老人。岳陽舊志。唐呂雲卿嘗寓于君山側。遇一老人索酒數行。老人歌曰。湘中老人讀黃老。手援紫藟坐碧草。春至不知潮水深。日暮忘却巴陵道。蘇東坡云。此詩句殆是李謫仙輩。蓋眞遁世者也。今考唐詩。乃高駢所作。未知孰是。

邢和璞不知何許人。隱居瀛海濱。善算人心術。凡人心之所謀度咸能算而知之。後卜居嵩潁間。著潁陽書。算心旋空之訣。復能以法活暴死者。唐明皇開元十二年至都。朝貴候之門如市。有友人居白馬坡下。和璞適至。死已踰月。其母哭之哀。和璞令置尸于牀。引衾同臥。閉戶良久。起具湯沐。復與寢。遂活。崔司馬者。與和璞善。因疾篤。呼曰。邢先生何棄我耶。已而聞寢壁有穿穴聲。鏡之有微隙漸大。見導從數百人。和璞紫衣大冠。坐車中。謂崔曰。邢某已請太乙相救。言訖與隙俱不見。其疾即愈。房琯為桐廬宰。待和璞甚殷。一日笑謂琯曰。君當為宰輔。善自愛。然其終必食鱠。棺龜茲。不在私第。不在公館。

不在寺宇。不在外家。琯後果踐台輔。謫居閬州。卧疾紫極宮。稍愈。太守招會郡齋。進膾。食畢疾復作。夢神人曰。邢真人之言信矣。翌日果終。時有貴者施龜茲板為老君座。因假以為棺。和璞廬終南。學道者多依之。時崔曙與其為友。恭事左右。一日謂弟子曰。旦夕有異客來。子等為予設具。且戒曰。謹毋窺伺。翌日果一人至。身長五尺。闊三尺。首居其半。衣緋執笏。鼓髯大笑。吻角侵耳。作劇談。多非人間語。崔曙趨而過庭。客熟視謂和璞曰。此非泰山老師乎。曰然。食畢而去。和璞謂曙曰。此上帝戲臣也。言泰山老師。子復能省乎。曙曰。向聞先生言。其泰山老師後身。然前身不得記也。和璞後不知所之。

吳道元字道子。初名道子。後作字。陽翟人。少學書於賀知
章張顛。不成。因學畫。未冠即深造微妙。蓋得之於性。非
積習所能致也。初為兗州瑕丘尉。明皇召入供奉。由此
名振天下。大率師法張僧繇。人咸謂其為後身焉。世稱
顧愷之畫隣女。以棘刺其心而使之呻吟。道子畫驢於
僧房。夕夕有蹴踏破迸之聲。以惱僧。僧繇畫龍點睛。聞
雷則破壁飛去。道子畫龍鱗甲若飛動。每天雨則煙霧
生。殆兼張顛而有之。其神妙如此。宮中有粉墻數尋。明
皇使畫山水于上。道子乃調墨一盆。盡潑墻上。以幕覆
之。頃間去幕。請上觀畫。山水林木人烟鳥獸。無不備具。
上縱觀久之。歎羨無已。道子復徐步指點曰。此山岩之

下有一小洞其中有仙扣之必應于是以指擊之忽然門開有童子伺側道子奏曰洞中甚佳臣請先入願陛下繼來道子遂入洞中以手招上上不能入須臾門閉莫知道子所之其所畫墻仍瑩白如舊無有餘墨矣

王皎先生善他術於曆數未嘗言天寶中偶與客夜中露坐指星月曰時將亂矣為鄰人所訟時上春秋高頗拘忌其語於是密詔殺之刑者鑽其頭數十方死因破其腦視之腦骨厚一寸八分皎先與達奚侍郎還往及安史平皎杖屨至達奚家人方知其異後訪杜甫於浣花溪曰君今雖偃蹇他日當大名垂之萬世同少微垣中宿也（即前王皎重出）

羅公遠。鄂人。唐玄宗好仙術。開元中。中秋宮中翫月。公遠請玄宗遊月宮。後玄宗學隱形之術於公遠。不盡傳之。或衣帶或巾角不能全隱。玄宗詰之。公遠曰。陛下不能脱屣天下。而以道為戲。若盡臣術。必懷璽人家。將困於魚腹也。玄宗怒。慢罵之。公遠遂走入殿柱中。且疏上失。上愈怒。令易柱。破之。復大言於石碼中。乃易碼觀之。碼明瑩。見公遠形在其中。長寸餘。因碎為十數段。悉有公遠形。上懼謝。不復見。後有使者入蜀。見公遠黒水道中。笑曰。為我謝陛下。我姓羅名公遠。以蜀當歸寄獻之。後玄宗幸蜀。始悟當歸之意。

羅子房。號冲虛子。玄宗開元中。父子修行於玉笥元貞觀其父刀解，塟空棺於觀側，冲虛子繼亦成仙，駕空舟於門外高杉表，飄飄騰雲而去。

中泰芝，字元之，唐洛陽人，毋楊氏，夢吞芝而孕，故名，與玄宗同誕日，歷覽勝地，後往邵陵佘湖山修煉，玄宗夢湖南有白雲居士，物色覓召至京，賜號大國師，住玄真觀，與張果，邢和璞，羅公遠，葉法善，尹愔，何思遠，史崇秘，常從帝遊，善清談，上每延問，動輒移晷，惟貴妃與內人張雲容，嘗侍上，亦數侍元之茶藥，雲容乘間乞長生藥，元之曰，吾不惜，但汝在世不久耳，雲容復懇求不已，元之憐其恭勤，乃與絳雪丹一粒，曰，汝服之，死必不壞，但大其棺廣，其穴，含以珠玉，使氣不飄蕩，魄不淪泪，百年外遇生人之氣。可以復活。此太陰煉形之道。當為地仙。復百年遷洞天矣。後雲容從幸東洛。病于蘭昌宮。以元之之言哀請于帝。帝命中人陳玄造。如其所請而葬之。至憲宗元和末、已百年。雲容果遇薛昭得再生。元之還山未幾昇仙、宋封妙寂靈修真人。

薛昌。幽薊人。為唐進士。天寶間棲止于蜀之青城洞天觀。偶得商陸酒。飲之、耳鼻流血。死、經三日。㸌然而蘇。肌膚潔白。容狀頓少。身輕目明、勢欲飛舉。洞見遠近。雖山林崖巘。不隔視聽。時玄宗崇尚至道、節度使延至賔館。欲乘以驛騎送京。忽失所在。後有見其在大面山者。

薛季昌。河東人。遇司馬承禎於南岳。授以玉洞經籙研真窮妙。勤修不懈。高真屢降異香妙藥於其室。唐明皇召入禁掖。延問道德。談論極精微。上喜恩寵優異。即懇還山。上賦詩贈之。曰。洞府修真客。衡陽念舊居。將成金闕要。願奉玉清書。雲路三天近。松墟萬籟虛。猶宜傳秘訣來往候仙輿。丹成。一日忽曰。祝融峯今夕有天真會。予被召當往。遂淩虛而去。

徐佐卿。蜀人。唐天寶中道士。常化為鶴。玄宗獵西苑。見孤鶴。射之。卿帶矢而歸。謂弟子曰。吾遊出山。為飛矢所中。乃掛箭于壁。曰。待箭主來付之。後玄宗果幸蜀。遊觀中。識其箭。

武攸緒、則天皇后從子。年十四、潛於長安市中賣卜、一處不過五六日。因徙升中岳。遂隱居、服赤箭茯苓、貴人王公所遺鹿裘藤器。上積塵蘿、弃而不用。晚年肌肉殆盡、目有紫光、晝見星月、又能詳辨數里外語。安樂公主出降、上遣璽書召。令勉受國命。蹔屈高標、至京、親貴候謁、寒温之外、不交一言、封國公。不受。及還山、勅學士賦詩送之。

裴玄靜、李言妻也。無考何許人。嘗獨居、夜中常有笑語聲。言疑潛於壁隙窺之、見二女子年可十六七、鳳髻霓裳、端妙絕世。侍女數人、皆雲鬟絳服、綽約于側、言驚呼、忽侍女奏樂、白鳳載玄靜升天而去、

帛和。字仲禮。師董先生。行氣斷穀。又詣西城山師王君。君
謂曰。大道之訣。非可卒得。吾暫往瀛洲。汝居此石壁中。
可熟視石壁。久當見文字。見則讀之。得道矣。和視一年。
了無所見。二年似有文理。三年始見太清經神丹方。三
皇文。五嶽圖。和朝莫誦之。王君回曰。子得之矣。乃作神
丹。服半劑。延年無極。以半劑作黃金五十斤。救人貧病。
後仙去。

張氳。晉州人。號洪崖子。隱姑射洞中。仙書秘典。無所不通。
唐玄宗召問曰。先生善長嘯。可得聞乎。即應聲而發。拜
官不受。還山。絕粒服氣。洪州大疫。有狂道士市藥。服者
立愈。玄宗聞之。意必氳也。果然。三召不至。天寶末。忽大

霧尸解。乾元中。詔立應聖宮。奉肅宗。以氳配焉。

邊洞玄。棗强人。自幼於紫雲觀修行。得道。白日上昇。唐玄宗御製詩詞褒揚之。牌刻尚存于觀。

趙惠宗。峽州宜都道士。得九天仙籙。三洞秘法。漸皆通曉。後居郭道山。唐明皇天寶末還峽。於郡之東北積薪自焚。僚庶悉往觀之。惠宗怡然坐火中。誦度人經。斯須化為瑞雲仙鶴而去。火既燼。其下草猶緑。遺一簡有詩二首。

顏真卿。字清臣。師古五世孫。傳學工詞章。開元間。舉進士。擢制科。遷監察御史。德業詳載唐書。建中四年。德宗命真卿問罪李希烈。內外知公不還。親族餞于長樂坡。公醉。跳躑前檻曰。吾早遇道士云。陶八八授以刀圭碧霞丹。至今不衰老。又云七十有厄。吉。他日待我于羅浮山。得非今日之厄乎。公至大梁。希烈縊殺之。瘞于城南。希烈敗。家人啓柩。見狀貌如生。徧身金色。爪甲穿出手背。鬚髮長數尺。歸瘞偃師北山。後有商人至羅浮山。見二道士奕棋樹下。一道士曰。何人至此。荅曰。小客洛陽人。道士顧笑曰。願寄一家書。商還至北山顏家。子孫得書驚曰。先太師筆也。發塚開棺。無一物。徑往羅浮求之。竟無踪跡。後白玉蟾云。顏真卿今為北極驅邪院左判官。

鳳綱。漁陽人。常採百草花。以水漬封泥之。自正月始。至九月末止。埋之百日。煎而丸之。暴死者。以藥納口中。皆立

活、綱長服此藥、至數百歲不老。後入地肺山中仙去、

黃升。長汀人、自幼得道、錢沉水中。呼之即出。又能內汞於日中。運氣煉之。即成白金、有蔡道死。升為棺殯、後道人遺書與升云。在崆峒相候。升往見之。曰。吾向時有文字在牆隙間。汝歸誦之、忽不見。升得其文字。自是能役使鬼。後尸解。

王昌遇。為梓州獄吏。遇落魄仙張姓者、賣鼠藥於梓州。昌遇念及囚徒、嘗為鼠所齧、市藥以歸、伺鼠食之、皆翼而飛。昌遇至瀘。又遇仙。乃市其藥、即餌之。仙遂為易名為易玄子。取一馬令乘以歸。既至乃龍也。後以九月九日飛昇。即其地為藥市。

何仙姑。廣州增城縣何泰女也。生而頂有六毫。唐武后時。住雲母溪。年十四五。夢神人教曰。食雲母粉。當輕身不死。夢明甚。因餌之。遂誓不嫁。常往來山谷。其行如飛。每朝去暮則持山菓歸遺其母。後漸辟穀。語言異常。武后遣使召赴闕。中路復失去。景龍中。白日昇仙。天寶九載。見于麻姑壇。立五色雲中。大曆中。又現身于廣州小石樓。刺史高暈上其事于朝。

呂巖。字洞賓。唐蒲州永樂縣人。祖渭。禮部侍郎。父讓。海州刺史。貞元十四年四月十四日巳時生。因號純陽子。初母就蓐時。異香滿室。天樂浮空。一白鶴自天而下。飛入帳中不見。生而金形木質。道骨仙丰。鶴頂龜背。虎體龍腮，鳳眼朝天，雙眉入鬢，頸脩顴露，額闊身圓，鼻梁聳直，面色白黃，左眉角一黑子，足下紋起如龜，少聰明，日記萬言，矢口成文，身長八尺二寸，喜頂華陽巾，衣黃襴衫，繫大皂縧，狀類張子房。二十不娶，始在襁褓，馬祖見之曰，此兒骨相不凡，自是風塵外物，他時遇盧則居，見鍾則扣，留心記取。後遊廬山，遇火龍真人，傳天遁劍法。唐會昌中，兩舉進士不第，時年六十四歲，遊長安酒肆，見一羽士，青巾白袍，偶書三絕句於壁，其一曰，坐臥常携酒一壺，不教雙眼識皇都，乾坤許大無名姓，踈散人間一丈夫。其二曰，得道真仙不易逢，幾時歸去願相從，自言住處連滄海，別是蓬萊第一峯。其三曰，莫厭追歡笑語頻尋思離亂可傷神。閒來屈指從頭數，得到清平有幾人。洞賓詳其狀貌奇古，詩意飄逸，因揖問姓氏，再拜延坐，羽士曰：可吟一絕乎？欲觀子之志。洞賓援筆書曰：生在儒家遇太平，懸纓重滯布衣輕。誰能世上爭名利，欲事天皇上玉清。羽士見詩曰：吾雲房先生也，居在終南鶴嶺，子能從遊乎。洞賓未應，雲房因與同憩肆中。雲房自為執炊。洞賓忽就枕昏睡，夢以舉子赴京，狀元及第，始自郎署，擢臺諫翰苑秘閣及諸清要，無不備歷。兩娶富貴家女，生子婚嫁蚤畢，孫甥振振，簪笏滿門，如此幾四十年。又獨相十年，權勢薰炙，偶被重罪，籍沒家資，分散妻孥，流于嶺表，一身孑然，窮苦憔悴，立馬風雪中。

方與浩嘆恍然夢覺炊尚未熟雲房笑吟曰黃粱猶未
熟一夢到華胥洞賓驚曰先生知我夢耶雲房曰子適
來之夢升沉萬態榮悴千端五十年間一瞬耳得不足
喜喪何足悲世有大覺而後知人世一大夢也洞賓感
悟遂拜雲房求度世術雲房試之曰子骨節尚未完欲
求度世須更數世可也翩然別去洞賓即棄儒歸隱雲
房自是十試洞賓皆過第一試洞賓自外遠歸忽見家
人皆病死洞賓心無悔恨但厚備葬具而已須臾死者
皆起無恙第二試洞賓鬻貨於市議定其值市者翻然
止酬其直之半洞賓無所爭委貨而去第三試洞賓元
日出門遇丐者倚門求施洞賓即與錢物而丐者索取

不厭且加詐詈。洞賓惟再三笑謝。第四試洞賓牧羊山中。遇一餓虎奔逐羣羊。洞賓蔽羊下阪。獨以身當之。虎迺釋去。第五試。洞賓居山中草舍讀書。一女年可十七八。容華絕世。光艷照人。自言歸寧母家。迷路。日暮足弱借此少憩。既而調弄百端。夜逼同寢。洞賓竟不為動。如是三日始去。第六試洞賓一日郊出。及歸。則家貲為盜刼盡。殆無以供朝夕。洞賓了無慍色。躬耕自給。忽鋤下見金數十片。速掩之。一無所取。第七試洞賓遇賣銅器者。市之以歸。皆金也。即訪賣主還之。第八試。有風狂道士陌上市藥。自言服者立死。再世得道。旬日不售。洞賓買之。道士曰。子速備後事可也。輒服無恙。第九試。春潦泛溢。洞賓與衆共涉。至中流風濤掀湧。衆皆危懼。洞賓端坐不動。第十試。洞賓獨坐一室。忽見奇形怪狀鬼魅無數。有欲擊者。有欲殺者。洞賓絕無所懼。復有夜叉數十。械一死囚。血肉淋漓。號泣言汝宿世殺我。今當償我命。洞賓曰。殺命償命。宜也。起索刀。欲自盡償之。忽聞空中一叱聲。鬼神皆不復見。一人撫掌大笑而下。即雲房也。曰吾十試子。子皆心無所動。得道必矣。但功行尚未完。吾今授子黃白之術。濟世利物。使三千功滿。八百行圓。方來度子。洞賓曰。所作庚辛有變異乎。曰。三千年後還本質耳。洞賓愀然曰。誤三千年後人。不願為也。雲房笑曰。子推心如此。三千八百悉在是矣。乃携洞賓至鶴

嶺、悉傳以上真秘訣、俄、清溪鄭思遠。太華施真人。由東
南凌虛而來、相揖共坐。施真人曰、侍者何人、雲房曰、呂
海州讓之子。因命洞賓拜二仙。思遠曰、形清神在、目秀
精藏。可與學道者也。去後、雲房謂曰、吾朝元有期、當奏
汝功行於仙籍、汝亦不久居此、後十年、洞庭湖相見。又
以靈寶畢法及靈丹數粒。示洞賓授受間、有二仙捧金
簡寶符語雲房曰。上帝詔汝為九天金闕選仙、當即行、
雲房謂洞賓曰。吾赴帝召、汝好住人間、修功立德、他時
亦當如我。洞賓再拜曰、巖之志異。於先生、必須度盡天
下衆生。方願上昇也。於是雲房乘雲冉冉而去、洞賓既
得雲房之道。兼火龍真人天遁劍法。始遊江淮、試靈劍、

遂除蛟害隱顯變化四百餘年常遊湘潭岳鄂及兩浙
汴譙間人莫之識自稱回道人宋政和中宮中有祟白
晝見形盜金寶妃嬪林靈素王文卿諸人治之息而復
作上精齋虔禱奏詞凡六十日晝寢見東華門外有一
道士碧蓮冠紫鶴氅手持水晶如意揖上曰臣奉上帝
命來治此祟即召一金甲丈夫捉祟擘而啗之且盡上
問丈夫何人道士曰此乃陛下所封崇寧真君關羽也
上勉勞再四因問張飛何在羽曰張飛為臣累劫世世
作男子身今已為陛下生於相州岳家矣上問道士姓
名道士曰臣姓陽四月十四日生夢覺錄之知其為洞
賓也自是宮禁帖然遂詔天下有洞賓香火處皆正妙

通真人之號。其神通妙用，不能盡述，仍有詩詞歌訣碑文存行于世。後岳武穆父果夢張飛託世，故以飛命名云。

張志和，字不同，唐金華人，母夢楓生腹上而生。肅宗擢明經，賜名志和。命待詔翰林，始名龜齡，兄名松齡。後親喪不復仕，遨遊江湖，自號烟霞釣徒，又號玄真子，垂釣不設餌，志不在魚也。善畫，飲酒三斗不醉，守真養氣，卧雪不寒，入水不濡。與陸羽、顏真卿友善。真卿為湖州刺史，時日相唱和。真卿遊平望驛，志和酒酣，鋪席水上獨坐而酌。席來去如舟。俄有雲鶴旋覆其上，真卿僚佐觀者，莫不驚異。遂揮手謝真卿，漸昇而去。

李賀字長吉系出鄭王後唐之宗子也纖瘦通眉指爪長尺許七歲能辭章韓愈皇甫湜始聞未信過其家使賦詩賀援筆輒就自目曰高軒過二人大驚後為協律郎卒年二十七賀將終忽見一緋衣天使駕赤虯持一版書若太古篆霹靂石文者云奉帝命召李長吉賀不能讀欻欻下榻扣頭言母老且病不願去緋衣人笑曰帝白玉樓成立召君為記天上殊樂不苦也賀泣下沾襟人盡見之少頃氣絕而去

韓湘子字清夫韓文公之猶子也落魄不羈遇純陽先生因從游登桃樹墮死而尸解來見文公文公勉之學湘曰湘之所學與公異公不悅令作詩以觀其志詩曰青

山雲水窟。此地是吾家。子夜飡瓊液。寅晨咀絳霞。琴彈碧玉調。爐煉白珠砂。寶鼎存金虎。芝田養白鴉。一瓢藏造化。三尺斬妖邪。解造逡巡酒。能開頃刻花。有人能學我。同共看仙葩。公覽曰。子豈能奪造化耶。公即為開樽。果成佳醞。復聚土。無何。開碧花二朶。似牡丹差大。顏色更麗。花間擁出金字一聯。云。雲橫秦嶺家何在。雪擁藍關馬不前。公讀之。不解其意。湘曰。他日自驗。未幾。公以極諫佛骨事。謫官潮州。途中遇雪。俄有一人冒雪而來。乃湘也。曰。公能憶花間之句乎。公詢其地。即藍關。嗟嘆久之曰。吾為汝足此詩。即韓集中一封朝奏九重天云云。遂與湘宿藍關傳舍。公方信湘之不誣也。湘辭去。出藥一瓢與公，曰：服一粒可以禦瘴毒。公愴然。湘曰：公不久即西，不惟無恙，且當復用於朝。公曰：此後復有相見之期乎？湘曰：前期未可知也。

瑕丘仲，甯人也。賣藥百餘年。因地動宅壞，仲與里中數十家皆死。或取仲尸弃水中，收其藥賣之。忽見仲披裘詣之取藥，其人大懼，叩頭求哀。仲曰：非恨汝也，使人知我耳。我去矣。後為夫餘王驛使，自北乘傳至甯。北方人謂之謫仙。

江叟善吹笛，槐上有神教往荆山求鮑仙。叟如言，得遇鮑仙，贈以玉笛，吹之龍來迎去，成水仙。

許棲岩，家岐山下。唐貞元中，下第，寓長安，見一番馬，欲市之術決請道士筮之得乾之九五飛龍在天利見大人道士曰此馬龍種也公市之當昇天棲岩喜遂市之時魏令公鎮蜀棲岩乘馬往謁道經劍閣馬忽失足墮于萬丈之壑積葉席之人馬無損棲岩嗟嘆久之復乘信馬行數十里至一洞口見萬花林中有青石池池傍石屋中有道士白髮丹臉偃卧于石榻之上傍侍二女棲岩叩首再拜二女駭曰汝何人遽至太乙元君之室棲岩語以故二女為白元君元君問曰汝在人間何好曰好道常誦老莊黃庭經元君曰汝於三書各得何句棲岩曰莊子則真人息之以踵老子則其精甚真黃庭則但思一部壽無窮元君曰子頗知道乃命坐玉女酌石

髓而飲之元君曰嵇康不能得而汝得之數也栖岩乃
跪謝王女前曰頴道士至矣元君命設榻而坐栖岩熟
視道士正昔卜馬者正驚異之道士曰昔卦合今日矣
俄頃有仙童馭鹿龍而至曰東皇君迎元君詣月曲龍
山元君謂栖岩曰可與同遊各跨鹿龍而去頃刻抵曲
龍山見危橋千步聳柱萬尋元君命栖岩拜東皇東皇
曰汝許長史孫也我昨與汝祖同飲亦知汝當來宴間
東皇命王女歌青城丈人詞歌曰王御瑶堦泉滴乳王
簫催鳳和煙舞青城丈人何處遊玄鶴唳天雲一縷歌
畢元君與栖岩復乘龍鹿而返下視一大城郭栖岩問
曰此何處元君曰新羅國也至海畔小城又問此何處

曰此唐國登州也俄到洞府棲岩再拜懇歸元君曰汝得餌石髓已得人間千歲願無漏泄無荒淫能守此猶更得一見吾也棲岩將上馬元君曰此馬乃吾洞之龍因傷稼謫人間汝到人間無用此馬但于渭溪解之當化龍去玉女悄謂棲岩曰龍馬回日號縣田婆針幸寄少許棲岩遂跨馬頃刻至號縣舊庄已六十年矣時唐宣宗大中五年也棲岩為訪田婆覓針田婆曰太乙家紫雲姊妹書來云托人求針其子耶棲岩遂索針繫于馬鬣放之渭水果化為龍而去棲岩後棲匡廬間每隱見不常焉

俞靈積河間人入衡山九真觀修道南岳赤君授以回風

術行之二十年，能坐見天下事如在掌中，然自晦。不為異以驚俗，唐憲宗元和中。郴州官吏見其談說。始異之，即曰，我偶然爾，非有知也。遂閉門不出，後入九疑山絕粒仙去。

伊祁玄解，鬢髮童顏。氣自香潔，常乘一黃牝馬。不啖芻粟。不施韁勒，惟以青氈藉其背。常遊青兗間。與人話千年事，皆如目擊。唐憲宗聞其異。召入宮，處以九華之室。設紫芝之曰，飲龍膏酒，躬親訪問，頗加敬仰。而玄解魯朴。未嘗習人臣禮。上因問先生年高顏色不老，何也。玄解曰，海上種靈草餌之。因種于殿前。一曰雙麟芝，二曰六合葵，三曰萬根藤，上餌之，殊覺神驗，玄解欲辭還東海，上未之許，乃於宮中刻木作蓬萊三山，綵繪華麗，飾以珠玉。上因元日與玄解視之，上指蓬萊曰：若非上仙，何由得入此境。玄解笑曰：三島只尺，何為難及。臣雖無能，試蹔辭陛下一遊。即湧身空中，覺漸微小，而入於金銀闕內。左右連聲呼之，竟不復見。上追思嘆恨，幾成羸疾。因號其山為藏真島。後旬日，青州奏玄解乘黃牝馬過海矣。

王四郎，唐洛陽尉王琚之姪，好道久遊。元和中，琚赴調，自鄭入京，過東都天津橋，四郎迎于馬前，以金五兩餽琚。色如雞冠，曰：不可售與常人。到京，訪張蓬子付之，價得二百千。琚異之，詰四郎向在何地，今何適。曰：向居王小屋洞天，今欲挈家往峩眉山。琚曰：今暫寓何地。曰：中橋逆旅席家、琚投宿、即覓席家。云四郎已行矣。因詢其行李。席氏曰。四郎妻妾四五人。車馬華侈非常。琚訝異之。至京即訪張蓬子。出金示之。索值二千。蓬子驚喜曰。從何得此化金。即如數與易之。琚後屢訪蓬子。不復得見。

李珏。唐廣陵人。以販糴為業。每斗惟求子錢二文。資奉父母。凡糴糶。授人升斗。俾自量。丞相李珏節制淮南時。夢入洞府。見石壁金書姓名。中有李珏字。方自喜。有二童云。此是江陽部民李珏爾。後百餘歲。果仙去。

柳實。元徹。衡岳人。唐元和中。結伴往驩慶二州。各省其父。至登州渡海。將抵交趾。夜半颶風忽起。舟纜斷。飄入大海孤島中。天明登島。見一廟。中有白玉天尊像。案上金香爐一枚，悵望久之。忽東角有紫雲，自海湧出，直指島上，俄有雙環侍女，捧玉合至天尊所，炷以異香，二子以實告。女曰：少頃玉虛尊師來此，與南溟夫人會，子堅請之，當有所遂。言訖，二仙果乘白鹿馭彩霞而來。二子泣拜求救。玉虛語之曰：子隨南溟夫人而行，當有歸路，無憂也。夫人視二子久之，曰：二子殊有道骨，他日當得仙。但二子宿分自有師耳。雖然，既相遇，不可無贈。遂命侍女曰：送二客去。然所往何橋？侍女曰：百花橋。二子拜謝。乃贈以玉壺一枚，高尺餘，復贈以詩，云：來從一葉舟中來，去向百花橋上去。若到人間扣玉壺，鴛鴦自解分明語。俄見橋長數百丈，欄傍皆開異花，二子於花隙細窺。

是群龍相接為橋將至岸侍女解襟帶間一盒子中有物如蜘蛛狀謂二子曰吾輩水仙也純陰無陽昔遇番禺少年有情因而生子甫三歲合棄之夫人命與南岳之神為子數年前南岳回鴈峯有使者至水府曾以吾子所弄玉環寄之而使者隱之不付二君歸願訪回鴈峯使者廟以此合投之當得玉環為送南岳與吾子吾子亦當有報慎勿啓之二子因問侍女曰夫人詩若到人間扣玉壺鴛鴦自解分明語何也侍女曰君有事但扣玉壺內當應之凡事皆可如意又問夫人云吾輩自有師師當是誰曰南岳太極先生爾遂別去二子抵家時已十年童稚已冠二妻皆死未及三日二子急扣玉

壺壺中應云。可往使者廟投合。當得妙藥。二子乃共扺回鴈峯訪使者廟。以合投之。須臾有黑龍飛騰空中。果下一玉環。亟取之。以送於南岳廟。忽現黃衣少年。出二金合。謂二子曰。此藥名返魂膏。一君家有斃者。雖一甲子。猶可塗頂而活。言訖不見。二子遂持歸。以塗其妻頂。二妻復活。乃共往南岳山中訪太極先生。經年不遇。一日雪中見老叟負薪。二子哀其年老。飲之以酒。忽睹薪擔上刻太極二字。乃拜求之。因出玉壺以告其故。叟曰。吾平生貯玉液者。此壺也。遂拉二子同上祝融峯。不復出。

村懋人

權同休友人元和中落第旅遊蘇湖間遇疾貧窘走使者
本村慦人傭已一年矣同思甘豆湯令其往市傭者但
具火水同意其怠於祗承也少然折枝盈握再三搓之
微近火上忽成甘草同始異之良久取麤沙數掊挼挼
已成豆矣及湯成與甘豆無異疾亦漸差同乃謂曰余
貧迫若此無以寸步因褫衣授之可以此辦少酒肉余
將會村老丏少道路資也傭者微笑曰此固不足辦某
當營之乃斫一枯桑成數筐札聚於盤上噀之悉成牛
肉復汲水數瓶頃之皆旨酒也村老無不醉飽獲束縑
三千同慚謝曰余驕稚道者久今返請為僕傭者曰某
固仙人有少失謫于下賤合役于秀才君限未足復須

力於它人矣願秀才勿變常庶卒其事也同雖諾之每呼指色上面蹙蹙不安催者乃辭曰秀才君此果妨其事也因說同脩短窮達之數且言萬物無不可化唯淤泥中朱漆筯及髮藥力不能化遂去不知所之

盧山人寶曆中常於荊中販橈朴石灰往來於白洑南草市時時微露奇跡人不之測賈人趙元卿好事將從之遊乃頻市其貨設菓茗詐訪其息利之術盧即覺曰觀子意不在市何為也趙乃言竊知長者埋形隱德洞過蓍龜願垂一言盧笑曰今且驗君主人翁午時有非常之禍若是吾言當免君可告之將午當有匠餅者負囊而至囊中有錢二千餘而必非意相干也可閉戶戒妻

孥勿輕應對彼必極罵須盡家臨水避之若爾紙費三
千四百錢也時趙停居張家即盧語歸告之張亦素神
盧生乃閉門伺欲午果有人如盧所言叩門求糴怒其
不應因足其戶張重簀捍之頃觀者數十百人張乃自
後門率妻孥如盧迴避差午其人乃去行數百步忽蹶
倒而死其妻至衆人具告其所為妻痛切乃號適張所
誣其夫死有自官不能評鄰衆具言張閉戶避讓之狀
官曰張固無罪但當辦其死耳張欣然從斷妻亦甘心
及市櫬就舉正當三千四百文因是人赴之如市盧不
耐竟潛逝至復州界維舟於陸奇秀才莊門或語陸盧
山人非常人也陸乃謁陸時將入京投相知因請決疑

盧曰君今未可動君居堂後有錢一甒覆以板非君有也錢主今始三歲君慎勿取一錢取必成禍能從吾戒乎陸矍然謝之及盧生去水波未定陸笑謂妻曰盧生言如是吾更何求乃命家童鍬其地未數尺果遇板徹之有巨甒散錢滿焉其妻以裙運紉草貫之將及萬兒女忽暴頭痛不可忍陸曰豈盧生言將徵乎因奔馬追及且謝違戒盧生怒曰骨肉與利孰重君自揆也捽舟去不顧陸馳歸醮而瘞焉兒女豁愈矣盧生到復州與數人閑行遇六七人盛服俱帶酒氣逆鼻盧生忽叱之曰若等所為不悛性命無幾其人悉羅拜塵中曰不敢再其侶訝之盧曰此輩盡劫江賊也趙元和言盧生狀

貌老少不常亦不常見其飲食嘗語元和曰世間刺客隱形者不少道者得隱形術能不試二十年可易形名曰脫離後二十年名藉地仙矣又言刺客之死屍能不見所論多奇異蓋神仙之流也

戚逍遙薊尋妻也向得仙教獨處一室絕穀靜想一日晨起屋裂如雲但見所御衣履在室內而逍遙與衆仙在雲中半晌方去

唐居士郴州人亡其名字土人咸謂巳百歲上人有楊隱之者頗好道常尋訪道者因謁之乃留隱之止宿及夜呼其女曰可將一下弦月子來其女遂帖於壁如片紙唐即起祝之曰今夕有客可賜光明言訖一室朗若張

燭、

有象列仙全傳卷之六終

許宣平

聶師道

李筌

李白

邢和璞
刑和璞

吳道元

羅子房

徐佐卿

顏真卿

何仙姑

呂巖

張志和

李賀

韓湘子

許栖岩

伊祁玄解

柳實

有象列仙全傳卷之七

吳郡　王世貞輯次

新都　汪雲鵬校梓

裴航唐長慶中書生因下第遊于鄂渚謁故舊崔相國相國贈錢二十萬遂挈歸于京因傭巨舟載於襄漢間同載有樊夫人國色也航無由覩面因侍婢裊烟而達詩一章曰向為胡越猶懷想況遇天仙隔錦屏儻若玉京朝會去願隨鸞鶴入青冥數日後夫人使裊烟召航相識曰妾有夫在漢南將欲棄官而幽棲巖谷召其一決耳深哀草擾慮不及期豈更有情留盼耶但幸與郎君同舟無以諧謔為意爾夫人亦使裊烟荅詩一章云

飲瓊漿百感生。玄霜搗盡見雲英。藍橋便是神仙窟。何必崎嶇上玉京。航覽之。空愧佩而已。然亦不能洞達詩之旨意。及抵襄漢。夫人使婢挈粧奩。不辭而去。航遍求訪。滅跡匿影。竟無蹤兆。後經藍橋驛。因渴甚。下道求飲。見茅屋三四間。有老嫗緝麻其下。航揖嫗求漿。嫗咄曰。雲英擕一甌漿來。郎君飲。航憶夫人詩有雲英之句。正訝之。俄葦箔之下。雙手如玉。捧出瓷甌。航接飲之。不啻玉液也。因還甌。遽揭箔。見一女子。光彩照人。航愛慕不已。因白嫗曰。某僕馬甚乏。願少憩於此。幸無見阻。嫗曰。任郎君自便耳。良久。告嫗曰。向睹小娘子豔麗驚人。姿容耀世。所以躊躕而不能去。願納厚禮而娶之。可乎。嫗

曰老病只有此孫女昨有神仙與靈藥一刀圭但須玉
杵臼擣之百日方可就吞當得後天而老若欲娶此女
者須得玉杵臼其餘金帛吾無用處耳航拜謝曰願以
百日為期必携杵臼至幸無復許人嫗曰如約航至京
殊不以他事為意唯遍訪玉杵臼或遇舊友若不相識
衆皆以為狂忽遇一貨玉翁曰近得虢州卞老書云有
玉杵臼售人今見郎君懇求如此吾當為書道達航即
求書往卞老曰非二百緡不可得航乃傾囊兼貨僕馬
方及其值輒步驟獨携而抵藍橋嫗見大笑曰世間有
如此信士乎遂許以為婚女亦微笑曰雖然更為擣藥
百日方議姻好嫗於襟帶間解藥付航航即擣之夜則

嫗收藥臼于內室。每猶聞搗藥聲。航窺之見玉兎持杵
而舂。雪光可鑑百日足。嫗持藥而吞之曰。吾當入洞而
告姻戚。為裴郎具幃帳。遂挈女入山謂航曰但少留此。
逡巡車馬隸人迎航。見一大第連雲。朱扉晃日內有帳
幄帷屏。珠玉珍玩。莫不臻至。仙童侍女引航入帳就禮
訖。航拜嫗。不任感荷。嫗曰。裴郎自是清冷裴真人子孫。
業當出世。不足深愧也。及引見諸姻戚。皆神仙中人。一
女仙鬟髻霓衣。云是妻之姊。航拜訖。女仙曰。裴郎不相
識耶。航曰。昔非姻好。不省拜侍。女仙曰。不意鄂渚同舟
而抵襄漢乎。航愧謝。左右曰。是小娘子之姊雲翹夫人。
劉綱仙君之妻也。已列高真。為玉皇之女史。嫗遂將航

夫妻入王峯洞中。瓊樓珠室而居之。餌以絳雪瓊英之丹。體漸清虛。毛髮紺綠。神化自在。超為上仙。至太和中。友人盧顥遇之於藍橋驛之西。備說得道之事。乃贈藍田美玉十斤。紫府雲丹一粒。敘話永日。復附書於親舊。顥稽顙請曰。兄既得道。乞一言惠教。航曰。老子云。虛其心。實其腹。今之人心愈實。得道未由矣。顥猶懵然。復語之曰。心多妄想。腹漏精液。虛實可知也。凡人自有不死之術。還丹之方。但子未可教。異日言之。忽不見。雲英附

軒轅集不知何許人。居羅浮山。人相傳數百歲。顏色不老。髮長垂地。坐暗室。目光長數丈。每採藥於岩谷。則毒龍猛獸隨之。若為衛護。居常人家請齋者。雖百處皆分身

而至與人飲酒則袖出一壺纔容二升賓客滿座傾之彌日不竭自飲百升不醉夜則垂髮盆中其酒仍瀝瀝而出飛朱符可致千里遇病者以布巾拂之應手而愈宣宗召入問長生可致不答曰絕聲色薄滋味哀樂一致德施無偏自然與天地合德日月齊明雖堯舜禹湯之道可致況長生久視乎帝問先生與張果孰愈曰臣不知其他但年少於果耳及退上以金盆覆白鵲令中使試之集曰皇帝安能更令老夫射覆乎中使不諭其意上復召令速至集纔登陛謂上曰盆下白鵲宜放之上笑曰先生早知矣命坐御榻前令宮人侍茶湯集貌古而布素宮人有笑之者元鬒髮朱唇年方二八頃曳

變為老嫗。雞皮鮐背。鬓髮皤然。因涕泣不已。上令謝之
即復故步。京師素無荳蔻荔枝花。上因語及。頃刻二花
並至。各數百朶。枝葉方茂。如新剪者。時坐有相子。集曰。
臣山中亦有。味更佳。上曰。無緣得矣。集乃取御前碧玉
甌。以寶盤覆之。俄頃撤盤。相子幾滿。上食之。嘆曰。美無
比。又問曰。朕得幾年天子。集取筆書四十年。但十字一
起。上笑曰。朕安敢望四十年乎。及之辭還山。命中使送
之。每見其於一布囊內探錢施人。比至江陵。已施數十
萬。取之不竭。未及至山。忽亡其所在。不日南海奏先生
已歸羅浮矣。及宴駕。只十四年也。十字一起。當不之悟
耳。

劉元靖。武昌人。為道士。師王道宗。道宗仙去。遂感悟。遯名山。入南嶽峻峯。鑿石穴以居。絶粒煉氣。唐敬宗召入思政殿。問長生術。尋放歸。武宗復召入禁。受法籙。賜號廣成先生。還山。宣宗時。忽天樂浮空而去。惟存杖履焉。

錢朗。南昌人。字內光。蚤以五經登科。仕唐。累官至光祿卿。文宗朝。歸隱廬山。得補腦還元之術。錢鏐延至于杭。禮之如師。玄孫數人。皆以明經為縣宰。皆皓首矣。而朗猶如童子。一日語家人曰。我適為上清所召。今去矣。俄氣絶。顏色如生。舉棺。已尸解去。時年一百七十餘歲。

鄭全福。江西浮梁人。唐文宗時。入新安諸靈洞修煉。後居蓮華洞。遊桃花溪。有老人乘鐵船。全福曰。願借船還。老

人曰後三年復來時已百歳餘語弟子曰死必葬我浮梁白水鄉及舉棺輕發之惟杖履而已

羊愔以明經尉夾江後隱括蒼山與青蓮觀道士飲于阮客洞忽仆地七日乃悟云初見一女自云雲英邀入洞中石間有物迸出曰此青靈芝也愔巳取食之自是惟飲水覺身輕日行數百里後入委羽山仙去

侯道華芮城人或云自峨眉山來詣中條道靖觀師周悟仙恒如風狂人登危立險如履平地性好子史手不釋卷因殿宇壞登梁葺之得小金合中有丹遂吞之後上松樹頂與雲鶴盤旋漸凌空而去時唐宣宗大中五年也後復降曰玉帝命我爲仙臺郎矣

廖師郴州人。唐懿宗召入。行道術有驗。後乞歸山。韓愈為
文送之云。郴之為州。當清淑之氣。意必有魁奇者生其
間。廖師氣專而容寂。多藝而善遊。豈吾所謂魁奇而溺
於老氏者耶。後于靜福山白日昇天。
劉德本。鄂州人。好古多能。往來大江商販。唐乾符中。大飢。
遂散米數萬石。活飢民。後避黃巢亂。居五老峯下。一日
有麁裘道者來訪。因把臂入深澗。忽見一老人出曰。可
同到後院。丹碧煥耀。老人指曰。此誠真洞天也。以汝行
善。故許到此。遂不見道者。曰。尔已藉名仙籙矣。相別而
去。德本後遍遊名山。一日彩雲環繞。白日騰昇。時呼劉
仙翁云。

劉贍，小字宜哥，唐人。家貧好道，無巾，但總角。其兄瞻曰：神仙遐遠難求，廊廟只尺易致。贍不聽。忽一道士至其門曰：能相師乎。贍曰：幸甚，隨入羅浮山四十年。兄登第拜相，後被謫，至潮臺泊舟。贍冒雨來見，瞻驚喜不勝。贍顏色如童，瞻已皤然衰朽。始謂贍曰：尚可修否。贍曰：仙凡殊途，今無及矣。敘闊終夕，忽失所在。瞻竟死貶所。

黃洞源，武陵人。唐大曆中，學道于桃源宮。瞿栢廷至武陵師之，尋遇一老僧，遂辭洞源曰：歸仙洞去。洞源留之，不可，期十八年再見。後洞源之茅山，栢廷忽至，計之正十八年。洞源曰：吾亦將踏滄海。次日果羽化。

瞿栢廷，辰溪人。自幼聰慧靈異，稱為瞿童。唐大順間，奉母

避冦入武陵師事黄洞源已而得道又云幼時因戲躍入井中後自大酉華妙洞中出依善卷祠修道功成越桃川宮昇仙時刺史温造刻石紀其事

閭丘方遠宿松人幼聰慧學道于廬山道士陳玄悟又得法籙于天台葉藏質尤好儒學詮太平經為十三篇唐昭宗累詔不出賜號妙有大師景福中居餘杭大滌洞吳越王錢鏐奏請賜紫又奏請號玄同先生重建天柱宮以居之一日入齋中作控鶴坐怡然而逝異香滿室後有見之於仙都山者

譚峭字景升唐國子司業洙之子幼而聰敏文史涉目無遺洙訓以進士業峭獨好黄老諸子仙傳靡不精究一

且告父母出遊終南山。父母以其堅心向道，亦不以世事拘之，乃聽其所從，而峭師嵩山道士十餘年，得辟穀養氣之術，常醉遊，夏則服烏裘，冬則衣綠布衫。或卧風雪中，人謂已斃，視之氣休休然。頗似風狂，每行吟曰：綠作長江扇作天，靸鞋抛在海東邊，蓬萊信道無多路，只在譚生拄杖前。後居南嶽煉丹，丹成服之，入水不濡，入火不灼，多能隱化。後入青城山仙去。峭嘗作化書，南唐宋齊丘竊其名為已作，行于世。

何令通，南唐時為國師，言牛頭山不利，謫居休寧。後至芙蓉峯，一坐四十年，豁然大悟，更名慕真。宋天禧中，一旦正席趺坐，忽心火自灼，頃刻而化。

馬大仙，唐末處州馬氏女。既嫁。家貧，養姑尤謹。遇異人授以仙術，往來儁纖，去家百里。有美食。即以箬笠浮還家薦於姑，頃刻就回。人呼為大仙。有廟在青田縣。

何九仙，世傳兄弟九人。居于山修道。又居湖側煉丹，丹成。各乘鯉仙去。後因名其縣曰仙游。山曰九仙。湖曰九鯉。

甘大將，名佃。五代象州人。天性通明，家富有，有以窘乏告者。必皆滿其所欲。有以禍福問者。無不奇驗。一日聚鄉里告曰：吾已厭世矣。因諭衆人脩身事親大節。語畢。即瞑目而逝。鄉人因建廟設像，祈之從欲如生。

赤肚子。自言晚唐時人，年已六百餘歲。我大明嘉靖年間，猶隱於北京西山中。

汪台符。徽州人。生而靈異。逆知吉凶。能文章。博今古。性獨嗜酒。徐知誥鎮金陵。台符詣陳民間利病。知誥甚尊重之。宋齊丘疾其高明。使親信誘台符飲。符即知。故浮白痛飲。即地。因推沉石頭蚵蛂磯下。後人每於黃山白嶽見之。齊丘聞。覓其尸。惟衣冠存耳。

麻衣仙姑。汾州人。姓任。隱于石室山。家人求之不得。適有人見之。遂跳入石壁中。有聲殷殷如雷。壁即合。足蹟尚存。

爾朱洞字通微。其先出於元魏爾朱族。少遇異人傳還元抱一之道。因自號歸元子。初隱蓬山。後賣藥蜀漢間。行動如飛。好飲猪血酒。吟哦詩。逆旅主人每夕怪其屋有聲因窺之見其身自榻而升觸棟而止或於枯骸中得物如雀卵持以問洞洞曰縣服神丹而不能修煉故純陰剝消無陽與俱獨就丹田成此耳若女子吞之當生異兒唐末王建圍成都洞亦在城中城久不下建約城陷日誅夷無噍類主人翁甚懼洞曰無憂也乃施席作法籠攝建與三軍皆見神人乘黑雲叱建曰敢有禍吾民者禍即反汝建等怖伏曰不敢後建入成都戒兵勿殺民不改肆洞賣丹藥每一粒要錢十二萬時有其太守欲買之曰太守金多非一百二十萬不可太守以為移言惑衆命納之竹籠沉於江中至涪陵上流二漁人乘舟而漁舉網怪其重出之乃洞也漁曰此必異人入

定乎。抑銅缶窟之少頃洞開目問漁人曰。此去銅梁幾何。有三都乎。漁人曰。我白石江人。此去銅梁四百里。自是而東。即豐都縣。平都山。仙都觀也。洞曰。吾師謂吾遇三都白石浮水。乃仙去。殆此地耶。先是洞每至江濱。輒投白石驗其浮沉。人不解也。洞既登岸。語二漁人曰。視子類有道者。亦有所傳乎。二漁曰。我昔從海上仙人得三一之旨。煉陽修陰。亦有年矣。洞於是索酒與劇飲。取丹分餌之。至荔枝園中。三人昇雲而去。三漁人附

陳摶字圖南。號扶搖子。亳州真源人。初生不能言。至四五歲戲渦水。水濱有青衣媼。引置懷中乳之。即能言。敏悟過人。及長。經史一覽無遺。十五詩禮書數。以至方藥之

書，莫不通究，親喪，先生曰：向所學，但足以記姓名而已。吾將遊泰山，與安期黃石輩，論出世法，合不死藥，安能與世脂韋汩沒出入生死輪廻間哉，乃盡散家業，惟携一石鐺而去，梁唐士大夫，挹其清風，得識其面，如覩景星慶雲然，先生皆莫與交，唐明宗聞先生名，親為手詔召之，先生至，長揖不拜，明宗待之愈謹，以宮女三人賜先生，先生賦一詩謝之，曰：雪為肌體玉為腮，多謝君王送得來，處士不與巫峽夢，空煩雲雨下陽臺，以詩及書奏付宮使，遜去，隱武當山九室巖，服氣辟穀，凡二十餘年，復移居華山，時年已七十餘矣，常閉門臥，累月不起。周世宗顯德中，有樵於山麓，見遺骸生塵，迫而視之，乃

先生也良久起曰睡酣奚為擾我後世宗召見賜號白
雲先生一日乘驢遊華陰聞宋太祖登極拍掌大笑曰
天下自此定矣太祖召不至再召辭曰九重仙詔休教
丹鳳啣來一片野心已被白雲留住太宗初年始赴召
惟求一靜室乃賜居於建隆觀扃戶熟寐月餘方起辭
去賜號希夷先生端拱元年一日語門人曰吾來歲中
元後當遊峨嵋明年道門人鑿石室於張超谷既成先
生往造之曰吾其歸於此乎先生初欲示化使晝夜燃
燭至期以左手支頤而終逮七日容色不變肢體尚溫
有五色雲封谷口彌月不散年一百一十八歲先生九
精易學鑒人察物辨別聖凡初兵紛時太祖之母挑太

祖太宗於籃以避亂。先生遇之，即吟曰：莫道當今無天
子，却將天子上擔挑。又遇太祖太宗與趙普遊長安市，
先生因同入酒肆。普坐太祖太宗之右。先生曰：汝紫微
垣一小星爾，輒處上次，可乎。周世宗朱太祖同行，先生
則云：城外有二天子氣。种放初從先生，先生曰：汝當逢
明主，名馳海內。但名者美器，造物所忌。惜天地間無完
名。子名將起，必有物敗之，可戒也。放晚年竟喪清節。皆
如其言。陳堯咨既登第，過謁先生。坐中有道人髽髻。目
堯咨。連曰：南庵。南庵語已，徑去。陳異之，問曰：向來何人。
先生曰：鍾離子也。陳爲惘然，欲追之。先生笑曰：已在數
千里外矣。陳曰：南庵何謂也。先生曰：他日自知。後陳轉

漕閩中過壚里間聞田婦呼其子曰汝去南菴促汝父歸陳鷲問南菴所在往視則廢伽藍也有碣云其年月日南菴主人滅祠其真身於此乃即尭咨生辰也又能逆知人意齋中有大瓢挂壁上道士賈休復心欲得之而不敢言先生即曰子欲吾瓢爾呼侍者取與之有郭沆者少居華陰嘗宿觀下中夜先生呼令速歸且與之俱往一二里許有人號呼報其母卒先生因遺以藥使急去可救既至灌其藥遂甦華陰令王睦謂先生曰先生居溪巖寢止何室出使何人守之也先生且笑且吟曰華山高處是吾宮出即凌空跨曉風臺榭不將金鎖閉來時自有白雲封一日有一客過訪先生適值其睡

見傍有一異人聽其息聲以黑筆記之滿紙糊塗莫辨
客怪而問之其人曰此先生華胥調混沌譜也先生嘗
遇毛女毛女贈之詩詩云藥苗不滿笥又更上危巔回
指歸去路相將入翠烟太宗聞先生善相人遣詣南衙
見眞宗及門亟還問其故曰廝役皆將相也何必見王
於是建儲之議遂定先生為种放卜上世葬地於豹林
谷下未為定穴既葬先生言地固佳但安穴稍後世世
止出名將种放不娶無子嗣其姪世衡世為將帥有聲
先生以易數授穆伯長穆授李挺之李授邵康節以象
學授种放放授廬江許堅堅授范諤昌至今糟粕猶存也
劉玄英燕地廣陵人號海蟾子初名操後得道改稱焉明

經事燕主劉守光為相雅喜性命之說欽崇黃老之教一日忽有道人自稱正陽子來謁海蟾邀坐堂上待以賓禮道人為演清静無為之宗金液還丹之要旣竟乃索雞卵十枚金錢十文以一文置之几上累十卵於錢若浮圖之狀海蟾驚異之曰危哉道人曰人居榮祿之塲履憂患之地其危殆甚於此復盡以其錢劈破擲之遂辭去海蟾繇此大悟是夜命家人設宴棄擲金玉明早解印辭朝易服從道遁迹終南山下後又入代州鳳凰山于壽寧觀書龜鶴齊壽四字西蜀至代數千里皆同日時而書以示分形散景神變無方之妙丹成尸解有白氣自頂門出化為鶴飛冲天元至元六年贈明悟

弘道真君

譚紫霄泉州人閩王昶封為正一先生閩亡寓廬山棲隱洞徒百餘有道術醮星宿禹步魁罡禁沮鬼魅禳祈災福知人壽夭南唐主召至建康賜之道號階以金紫皆不受金陵既下無疾而卒人知其尸解莫知其壽筭歸葬日有祥雲白鶴盤旋送之

景知常鄧州人少從趙鑪禛學道顏如渥丹宋太宗召至俄辭去嘗遇呂真人時或語唐昭宗以來事殆數百歲或祁寒浴溪或大暑曝日有書生病憊噓酒飲之即能行所居夜神光滿室卒舉其棺甚輕開視惟衣衾有異香焉

蘇澄隱眞定人為道士住龍興觀年八十餘貌不衰老五代唐晉之君相繼聘召皆辭疾不至宋太祖征太原還駐鎮陽召見因求其養生之術對曰臣之養生不過精思煉氣耳帝王養生異於是老子曰我無為而民自化我無欲而民自正昔皇帝唐堯享國永年得此道也上大悅後百歲尸解。

劉女汀州劉安上女育於宋雍熙初九齡與羽人談道得度及笄許妻何氏劉母送之忽有一白鷂自空而墮劉女乘之而去陳軒詩曰白鷂乘去人何在青鳥飛來信已遥若使何郎有仙骨也須同引鳳凰簫。

劉希岳漳州人宋端拱中為道士居西都老子觀遇異人得道號朗然子嘗自言辛勤未踰十年人驚不老歲月俄經一紀自覺如新又詩有云夾脊雙關至頂門修行徑路此為根一日沐浴更衣陳席而卧須臾飛出一金蟬遂失其所

馬湘字自然其先鹽官人世為小吏自然獨好經史工文學嘗與道侶徧游方外至湖州醉墮雲溪經日而出衣不沾濕言為項羽相召飲時以拳入鼻及出拳鼻如故指溪水令逆流指柳樹令隨水走來去指橋令斷復續一切小術無所不為人或有疾告者自然無藥但以竹拄杖打患處或以杖指之口吹杖頭作雷鳴便愈有以

財帛謝者，固讓不取，强與之，輒散與貧人。所游行之處，宮觀巖洞，多題詩句。其登杭州秦望山詩曰：太一初分何處尋，空留歷數變人心。九天日月移朝暮，萬里山川自古今。風動水光吞遠徼，雨添嵐氣沒高林。秦皇謾作驅山計，滄海茫茫轉更深。後歸省兄，兄適出，謂嫂曰：特歸與兄分此宅，我惟愛東園耳。嫂與食，不食，但飲酒，待兄三日不歸，遽卒。明日兄歸，嫂告以故，兄感慟曰：弟學道多年，是歸託化以絕望耳。乃棺斂，棺中忽然有聲，遂窆之東園。時大中十年也。明年東川奏梓潼縣道士馬自然白日上昇，詔杭州發其棺，只一竹杖而已。

張九哥，宋慶曆中，居京師，雖凍雪亦單衣。燕王奇之，嘗召與飲後見王曰將遠遊故來別有小技欲以悅王乃取羅重疊剪為蝶狀隨剪飛去遮蔽天日少頃呼之皆來復為羅王曰吾壽幾何曰與開寶寺浮圖齊後浮圖災王亦薨。

甘始太原人善行氣不飲食閒服天門冬行房中之事依容成玄素之法更演益之成一卷後入王屋山仙去

王昂襄陽人初寄籍醫卜以養妻子後遇鍾離先生遂得仙術自號王風子人罕見其飲食也一日行江干人見其水中有二影怪問其故曰若欲更見見之乎即現十影衆皆驚異宋真宗召至禁中長揖不拜後辭去莫知所之所著有修真書

賀蘭號棲真。自言百歲。善服氣。往往不食。或時縱酒。能啖肉至數斤。始居嵩山紫虛觀。後徙濟源登仙觀。宋真宗召問曰。人言先生能點化黃金。信乎。對曰。臣願陛下以堯舜之道點化天下。願方士小術。不足為陛下道。真宗奇其言。賜號宗玄大師。賚以紫服白金。仍蠲觀之田賦。未幾求還舊居卒。時大雪三日頂猶熱。

曹國舅。宋曹太后之弟也因其弟每不法殺人。後罔逃國憲。舅深以為耻。遂隱跡山巖。精思慕道。得遇鍾離純陽。純陽問曰。聞子修養。所養何物。對曰養道。曰道安在。舅指天。曰天安在。舅指心。鍾離笑曰。心即天。天即道。却識本來面目矣。遂引入仙班。

侯先生不知何許人宋大中間貨藥京師年四十餘無鬚眉而瘤贅隱隱遍肌體嘗醉遇夜即與乞丐同處有馬元者夏月隨之出閶闔門侯浴池中元因就視乃一大蝦蟇元遽退引侯浴出着衣元前揖之侯笑曰子適見我乎乃召元飲酒肆中出藥一粒曰服之壽百歲自此不復見有自蜀中來者見其貨藥于市

曾志靜廬陵人自少不御酒肉端毅寡言去爲道士益玄默遇異人授以道術自是杜門辟穀十餘年異人來視之曰未也去又數年復至曰可也宋至和三年春忽語其徒曰吾九月爲衡山之游至期正坐而化既葬有自衡山來者持致志靜書勉其徒學道云

陳易。興化縣人。好學工詩。王安石邀至相府。易一見。不辭而歸。嘗不葷不娶。野服葛巾。日一飯。或經旬不食。居蔡溪之左巖中。五十年。猶一日。宣和中。跏趺而逝。

陳太初。眉山人。初與蘇東坡學道於張易簡。後東坡謫黃州。有眉山道士陸惟忠來云。太初已得道。又數年見東坡于惠州云。太初已尸解仙去矣。

張伯端。天台人。少好學。晚傳混元之道而未備。孜孜訪問遍歷四方。宋神宗熙寧二年。遊蜀。遇劉海蟾。授金液還丹火候之訣。乃改名用成。字平叔。號紫陽。嘗有一僧修戒定慧。自以為得最上乘禪旨。能入定出神數百里間。頃刻即到。與紫陽雅志契合。一日紫陽曰。禪師今日能與遠遊乎。僧曰可。紫陽曰將何之。僧曰願同往楊州觀瓊花。紫陽於是與僧處一靜室。相對瞑目趺坐出神。紫陽至時。僧已先至遶花三匝。紫陽曰可折一花為記。僧與紫陽各折一花歸。少頃紫陽與禪師欠伸而覺。紫陽曰禪師瓊花何在。禪師袖手皆空。紫陽乃拈出瓊花與僧把翫。弟子因問紫陽曰。禪師與吾師同一神遊。何以有有無之異。紫陽曰。我金丹大道性命兼修。是故聚則成形。散則成氣。所至之地。真神見形。謂之陽神。彼之所修。欲速見功。不復修命。直修性宗。故所至之地。人見無復形影。謂之陰神。陰神不能動物也。英宗治平中。隨龍圖陸公寓桂林。後轉徙秦隴。久之訪扶風馬默處厚於河東乃以所著悟真篇授處厚曰平生所學盡在是矣願公流布此書當有因書而會意者元豐五年夏趺坐而化住世九十九歲弟子用火燒化得舍利千百大者如芡實色皆紺碧識者謂曰此道書所謂舍利耀金姿也後七年劉奉真遇紫陽於王屋山留詩一張而去紫陽嘗自謂己與黃勉仲維楊于先生三人皆紫微星號九皇真人因誤校勘刼運之籍遂謫人間今垣中光耀可見者只六星已

劉斗子名奉真或名劉斗子建康人張紫陽弟子初修煉白龍洞中後白日昇天

石泰常州人字得之號杏林又號翠玄子遇張紫陽得金

丹之道初紫陽得道於劉海蟾海蟾曰異日有為汝脫韁解鎖者當以此道授之餘不可輕傳也後紫陽三傳非人三遭禍患誓不敢妄傳乃作悟真篇行于世曰使宿有仙風道骨之人讀之自悟復罹鳳州太守怒誣以事坐黥竄經由邠境酒肆中遇杏林告以故杏林曰邠太守泰故人也乃為之先容一見獲免紫陽感之曰此恩不報非人哉盡以丹法傳於杏林杏林道成亦作還元篇行于世壽一百三十七於宋高宗紹興二十八年中秋日尸解後二年易介復見杏林於羅浮山

趙吉瑞州高安人狂而落魄兩目皆翳自言生一百二十七年矣宋元豐中蘇轍謫高安吉往見之曰吾知君好

道而不得要。陽不降。陰不升。故肉多而浮。面赤而瘡。教轍呪水以溉百體。經旬。諸疾皆愈。吉後尸解於興國軍。

徐問真。東萊濰州人。有道術。與歐陽脩善。一日求去甚力。脩留之。不可。曰。我友罪我與公卿游。脩使童子送之。果有鐵冠丈夫長八尺餘。俟于道。以瓢覆酒于掌中。少飲童子。因遣回。遂不見。童子後亦發狂。莫知所之。嘗教脩引氣愈足疾。蘇軾試之。亦驗。

黃希旦。昭武長樂里人。號支離子。居九龍觀。翛然有出塵之志。宋熙寧五年。作五福宮成。希旦以戒行清潔。召至京師。後二年。化形於太一宮。後復見于蜀。寄友人詩曰。

昔游西太一。今日返成都。若問去來事。雲藏月影孤。

徐熙春，邵武人，宋熙寧初，夢一鐵冠道人，儀容脩偉，既寤，至城南五峯院後，遇道人，如所夢者，自云姓蔡，住武夷，遺以五華草，食之甘美，自此不復粒食，惟飲清泉，約以某日會武夷，至期而往，蔡已先至，徐以水深不能渡，止於金身院修煉，頃尸解。

申屠有涯，宋人，居宜興，嘗携一瓷餅，一日與眾渡，舟中出瓶中酒飲，大吐，眾惡逐之，乃挈餅登岸，倚杖吟曰，仲尼非不賢，為世所不容，蚩蚩同舟子，不識人中龍，吟畢，躍身入餅中，眾駭，舉餅碎之，寂無所見。

朱有，涇州人，少竄戍五符，宋元豐初，瀘賊犯塞，詔起秦卒征之，軍次資中郡，有醮壇山，李阿試仙臺，有往來臺上，俄二鳥飛鳴爭食墜地若松肪者有取食之即腹脹且渴求池飲水遇一道士指松曰食此葉可療也忽不見有如其言渴遂止自覺心爽神清有初不知書不飲酒至是高吟劇飲脫五符而仙去

陳仁嬌南海陳玘女也嘗夢為逍遥遊及寤每專思舊游不釋忽八月望丙夜有仙女數百從空招之仁嬌超然隨衆往朝于帝遂命掌蓬萊紫虛洞宋元祐中降于廣州進士黄洞家者再

邵琥宋湘陰縣人少與兄玘弟珪同游太學遇至人後歸都嶠山結庵修煉元符初蘇軾自嶺表歸訪琥留庵旬餘後琥又於西蜀峨眉山結庵無何遁去但留詩壁間

云往往來來三十年。更無蹤跡在西川。功成行滿昇天去。回首山頭月正圓。

雷隱翁。名本。少磊落不群。既長。業進士。再試即棄去。默坐終日。或誚其癡。隱翁笑曰。終不以吾癡易汝黠。一日以術授其子。因出遊不返。宋元祐間有朝士遊羅浮山。見其坐于松下。自道姓名云雷隱翁。

林靈素。字通叟。永嘉人。母夜歸室。見紅雲覆身。因有孕。懷二十四月。一夕夢神人綠袍玉帶。眼出日光。執筆告曰。來日借此居也。次日靈素誕。金光滿室。五歲不語。忽有道士不告而入。見靈素曰。久別特來相謁。相顧撫掌大笑。自此能言。七歲粗能作詩。日記萬言。薦東坡以曆日與讀一覽能誦東坡驚曰子聰明過我富貴可立待靈素笑而答曰生封侯死立廟不離下鬼非予志也年三十遊西洛遇道士姓趙授以神霄天壇玉書書中有神仙變化法并興雲致雨符咒驅遣百鬼役使萬靈等法自後無施不靈次年岳陽酒肆復遇趙道士云吾漢天師弟子趙昇也向授玉書宜謹行之行當為神霄教主兼雷霆大判官以輔東華帝君也崇寧五年八月十五夜徽宗夢遊神霄府赴玉帝召騰空而上遙見天門一人星冠法服執圭引帝入門上有朱牌字曰神霄玉闕之門次過一小院曰玉樞院一朱衣吏迎帝入曰此帝君舊居也及朝見玉帝傳旨云宜任忠賢去奸邪保社

稷帝自天門而下百餘步見一道人青衣青巾跨青牛而上導從甚肅至帝前呼萬歲言訖駕青牛而上天門帝夢覺記之大觀二年詔求天下有道之士茅山宗師以靈素薦入見帝曰卿有何法術靈素云臣上知天上中識人間下知地府先年中秋上朝玉帝臣曾瞻見天顏帝曰朕方省之向乘青牛何在曰寄養外國不久當進上也帝甚奇之不時宣召入內刪定道史經籙靈壇等事帝以師事之特建神霄宮宮成帝引百官遊行吟曰宣德五門來萬國蔡京等沉思無答靈素輒應曰神霄一府揔諸天帝大喜帝欲修雷書金經全足收入道藏求訪不得靈素靜夜飛神奏告上帝乞賜觀雷書幷

霆司等印上帝遣玉女以二印授之併雷書五卷靈素遂錄雷書進上至是始全政和七年高麗國果進青牛帝大喜即以賜靈素重和元年華山因開三清殿基石匣中有雷文法書一冊金地蘭紙進至御前與靈素所錄雷書一字不差帝於禁中封自書青詞密奏次日問靈素曰昨朕所奏青詞達否對曰未達緣誤寫一字靈官未敢以聞乃讀帝青詞朗朗帝撫靈素背曰先生真神仙也因賜號金門羽客一日靈素侍膳帝嘆曰日思皇后英魂先生可能致一見否靈素曰諾至夜設醮飛符召之奏云皇后見在玉華宮與王母宴集頃刻即當至矣俄異香襲人天花亂墜仙樂滿空皇后駕青鸞而

至謂帝曰。臣妾昔為仙官主者。因神霄相會。思凡謫下
人間。今還復居舊職。願陛下防丙午之亂。任忠去奸。誅
童蔡以謝天下。其禍可免。帝問卿昔在仙班。是何職位。
后曰。即紫虛元君陰神。陛下即東華帝君也。帝曰。禁中
諸人有自天降者不。后曰。明節乃紫虛玄靈夫人。王皇
后乃献花菩薩。太子乃龜山羅漢尊者。蔡京乃北都六
洞魔王大頭鬼。童貫是飛天大鬼母。林先生是神霄教
主兼雷霆大判官。徐知常是東海巨蟾精。帝又問國祚
如何。默默不荅。漸隱身而去。靈素嘗侍宴太清樓下。見
元祐黨碑。即稽首。上惟問之。對曰。碑上皆天上星宿。臣
敢不稽首。因為詩曰。蘇黃不作文章伯。童蔡翻為社稷

臣三十年來無定論不知奸黨是何人帝他日又謂靈素曰安得見真武聖像靈素曰容臣同虛靜天師奉請焚符畢黑雲蔽日大雷霹靂火光中現出龜蛇須臾降一巨足塞於殿前帝拜云願聖祖見身俾得瞻仰遂現身長丈餘端嚴妙相皂袍金甲玉帶腕劍披髮跣足頂有圓光立一時久帝自為寫真與昔太宗皇帝時寫者無異帝愈敬之又請見王母靈素但燒一小符王母即領諸王女乘雲而降帝捻香再拜王母曰東華帝君久不見矣帝請訓教王母乃授以神丹補益之法臨去曰察姦臣遷都長安法太祖太宗行事不然後悔無及矣靈素居一室外常封鎖雖駕到亦不引入蔡京譖于帝

曰室中有黃羅帳銷金龍牀椅卓皆朱故不欲帝見耳
願陛下親往觀之帝即幸神霄宮與京徑入其室但見
粉壁明窓椅卓二隻他無一物京惶恐請罪靈素請問
帝語其故靈素笑指壁上見一金樓玉殿龍床黃羅帳
如錢大帝亦笑曰先生游戲自佳也後太子奏林靈素
俱妖術陛下如不信乞宣諸法師破其邪法正罪誅之
時有十二人俱善法術帝命十二人會於凝神殿鬪法
宣太子諸王暨群臣觀之靈素噀水一口化成五色雲
雲中有金龍獅子仙鶴鳴躍殿前十二人奏曰皆紙獅
龍鶴耳臣等誦大神咒當令返形衆念咒龍鶴愈加多
帝曰負矣更有何術十二人奏飲咒水使沸靈素取氣

一口吹盂中。水即成冰。靈素乃云。乞聚炭為火洞。臣先入。令十二人隨之。靈素入火洞。火不着衣。諸人伏地哀告乞赦。帝怒。發開封府刺面配遣。靈素見朝政日非。密上疏云。蔡京鬼之首。任之以重權。童貫國之賊。付之以兵柄。慧星示變。陛下不能修德以禳之。太乙離宮。陛下不能遷善以避之。若云數不可逃。然古昔却有過期之曆。臣今暫辭龍顏。願陛下自愛。帝降詔不允。靈素呼諸弟子將前後給賜之物。約可三百擔。編號封鎖室中。竟私出國門而去。帝乃賜觀溫州。一日謂弟子張如晦曰。塵世不可久戀。況大禍將及。吾將去矣。他日神霄再會。言訖端坐而化。先自指墳於郭外。遺命曰可於正穴中更深五尺見龜蛇即下棺見五色氣出不可盖土宜急走百步弟子依其言下棺後忽山崩石裂不知所在太子即位遣人伐靈素塚三日不知去處見亂石縱横黑風雷雨火光繞地對面不能相覩使臣還奏淵聖始悔異之勅封通真達靈真人立祠天慶觀至今存焉趙鼎嘗作記曰先生旨趣淵深非博學士夫莫能曉識僕未仕時先生曾許僕當中與作相若遇春頭木會之賊可以致仕不然則相遇於潮陽古驛中初不以為然後作相時因奏事果遭秦檜之害被罪海島道經潮陽驛中方抵驛庭見一少年襴衣朱鞋徑入驛中視之即先生也笑問曰前言繆乎始知先生是真仙也

李阜渧。宋紹聖初。劉延仲寓秀州。嘗有道人過門。或從求藥。則以阜渧和垢膩爲丸。與之病立效。因目爲李阜渧。延仲延之坐。曰。今日適無酒爲禮。道人笑曰。床頭珍珠泉一尊。何不出以待客。劉大慚。呼童取尊。道人曰。不必取。但將空尊來。尊至。索紙覆之。少焉香溢於外。成美酒矣。坐者皆醉。明日劉有他客。出所謂珍珠泉者。而尊中無涓滴矣。一日詰劉別云。後二十年某月某日。當於真州相見。至期。劉卒於真州。

吹角老兵。高州人。忘其姓名。宋紹聖初。一日題詩譙樓上曰。畫角吹來歲月深。譙樓無古亦無今。不如歸我龍山去。松竹青青何處尋。遂遁形莫知所終。

張俞字叔才明縣人為道士自稱白雲戹鶴宋紹聖初游汴見趙鼎大呼曰中興名相人驚異之他日又遇鼎曰吉陽相逢後鼎紹興五年為相晚竄吉陽忽與白雲相遇白雲曰憶疇昔之言乎公將歸矣未幾鼎果卒

莎衣道人淮陽軍朐山人姓何祖執禮仕至朝議大夫道人避亂渡江嘗舉進士不第紹聖末來平江身衣白襴久之衣敝緝之以莎嘗臨池照影朗然大悟人問休咎罔不奇中會有瘵者求治捋一草與之即愈求而不得者病遂不起孝宗連召不至賜號通神先生賜衣數襲皆不受後莫知所之

王文卿。撫州臨川人。解呼雷致雨。役使鬼神之術。宋政和初。召見。時將有事明堂。雨不止。上命禱晴。天即開霽。禮成復雨。賜號沖虛通妙先生。凝神殿侍宸。時揚州大旱詔求雨。侍宸為伏劍噀水曰。借黃河水三尺。後數日。揚州奏得雨。水皆黃濁。後歸紹興。一日謂其徒曰。西北有黑雲起。當速報我。移時果然。即入室解化。乾道初。人有見之於成都者。

陶道人。黎州卒也。宋政和間。入獅子山採薪。遇異人得道。與王畫龍同時。王每畫龍。必有所缺。不然。則隨雷雨變化。陶每見王。輒以杖擊之曰。此龍妖也。後俱不知所往。

王畫龍附

李思廣吉水人自幼志操特異放情山水間得錢即易酒或獨飲于市年七十餘容貌愈少宋政和四年游螺川常住習溪橋酒家酒嫗以其異來則飲之不問其值一日謝別老嫗晨起視已死矣報所親殯葬之月餘有客見思廣于千里之外衣冠如故乃開棺不見其尸

羅晏閬州人兒時牧山下見二道人奕晏釋牧觀之道人出囊中餅與食食已歸家覺腹中如燎因發狂累日自是惟飲水稍稍預言禍福無不神驗宋宣和中賜靜慈妙應處士張浚延至軍中晏曰相公勿恐明日虜退果然加號太和冲夷先生年一百七八十始逝

張虛白鄧州南陽人通太乙六壬術留心丹竈遇真人得

祕訣，宋徽宗聞其名，召管太乙宮，恩賚無虛日。官大虛大夫金門羽客，出入禁中，終日論道，無一言及時政。曰：朝廷事有宰相，非予所知也。金人尤重之，呼為神仙。一日曰：某年月日，吾當化去。至期果然。

魏二翁，濮州雷澤人，遇異人得道。手持蒲箑，時時語人禍福，里閈重之。每製纊奉以禦寒，偷兒夜至，欲竊之。二翁輙呼其名曰：爾欲我纊乎？盜驚謝而去。宋徽宗聞其名，遣使召之，至其廬，但聞鼻息齁齁如雷，不見形影，惟得頌一章以歸。宣和初，尸解仙去。

羅昇，宋宜春人。少貧，以屠狗為業。晚乃貨藥市中，遇異人，授以方術。年幾百，忽一日辭親故，奄然而逝。時政和二

年也後有客見其在海陽市貨藥有書寄鄉人驗其日廼其解去之明日也

劉益藍田人隱直庵廬六十年肌膚如玉雨泥徒步騎不能及徽宗雖禮之甚厚然非所樂也力求還山宣和末常曰山川草木何腥羶之甚耶遂尸解去已而戎難果作矣

武元照紹興蕭山人方在女孩母或茹葷輒終日不乳及菜食乃乳母異之後長議適人女不樂忽夢神人告曰汝本王女坐累暫謫塵世今可絕食及覺欲不食母強食之又夢神怒曰違吾戒也乃剖腹滌之因授靈寶法自是能以符水療人疾一日詣數十家聚話諸人往其

家訪之云已死矣詣數十家之日。即尸解之日。

孫賣魚不知其名嘗賣魚楚州市暑中遇一道士謂曰汝魚餒矣能飲我可使魚活遂飲以斗酒因與談論而去。魚果活自是言人禍福輒應宋宣和中召至京師賜號塵隱處士復還楚州靖康初忽於亳州太清宮號跳大哭人莫之喻有記其時日者乃汴京陷之日也。

梅志仙檀州人戒行嚴峻修道黑山二十餘年遂能出神分身遠遊郡國人莫能測有無根柏一株使其徒栽之立見茂盛臥於石嵓洟辰不食虎馴遶其側年九十餘

尸解

范子珉處州道士嗜酒落魄談人意外事多奇中善畫牛

忽訪郡守錢竿曰貧公畫田軸，故來相償，畫成儼然就逝，將歛得片紙於席間，書曰庚申日，天帝召范子珉，即其解日也。

有象列仙全傳卷之七終

裴航

軒轅集

鄭全福

侯道華

劉晴

汪台符

爾朱洞

陳摶

劉玄英

劉女

張九哥

曹國舅

侯先生

張伯端

趙吉

朱有

林靈素

李鼻涕
李鼻涕

莎衣道人

羅升

有象列仙全傳卷之八

吳郡　王世貞編次
新都　汪雲鵬校梓

武志士不知何處人。修煉於來賓之武禪山每出赴齋供。即架青布幕為橋。去五七里。或至市廛。人見而奇之數年道成。宋建炎初。白日上昇。

薩守堅蜀西河人少有利物心。嘗學醫。誤用藥殺人。遂棄醫。聞江南三十代天師虛靜先生。及林王二侍宸道法。步往師之至陜。行囊已盡。見三道人來。問堅何所往。堅告以故。道人曰。天師羽化矣。薩方悵恨。一道人云。今天師道法亦高。吾與之有舊。當為作字。可往訪之。遂授以咒棗之術。曰。咒一棗可取七文。一日但咒十棗。得七十文。則有一日資矣。一道人云。吾亦有一法相授與之。樓扇一把。曰。有病者扇之即愈。一道人云。吾亦有一法相授。乃雷法也。及達信州。見天師投書。聞舉家慟哭。云虛靜天師手筆。吾與林侍宸。王侍宸。遇薩某。各以一法授之矣。可授以未盡之文。薩由是道法大顯。嘗經潭州。居人聞神言曰。提刑來日至。次日伺之。但見真人攜篭笠至。身懸提點刑獄之牌焉。繼至湘陰。寓城隍廟數日。太守夢城隍告之曰。薩先生寓此。令我起處不安。幸為我善遣之。太守至廟。逐薩使去。薩恨之。行數十里。遇人舁豕往廟酬願。薩以少許香附之曰。酬願畢。願為置爐中焚之。其人如約。忽迅雷火焚其廟。越三年。薩至澱。無操舟者。舉篙自刺。置三文錢於舟中。以償舟金。因掬水浣手。見一神鐵冠紅袍。手執王斧。立於水中。薩呵之曰。汝何物。速見形。荅曰。我王善。即湘陰城隍也。向君無故焚我廟。我無依。因訴之上帝。帝賜王斧。令我相隨。遇真官有犯天律。便宜行事。今隨真官已三年。並無犯律事。且置錢舟中。以此微暗且不欺。無可報君之時矣。今願為部將。奉行法旨。薩曰。更隨三年。亦只如是。乃詞奏玉帝擢為部將。每有行持。報應若響。後遊閩中。一日諸將現形環侍。云。天詔召君天樞領位真人。起身立化。

馮觀國。邵武人。游方之外。遇異人得內丹法。自称無町畦道人寓宜春，言人吉凶盡應。或有謂其醉狂者，觀國以詩謝曰：踏遍紅塵四百州，幾多風月是良儔。朝來應笑酡顏叟，道不相侔風馬牛。紹興中，端坐而逝。郡守李觀民塑仙像于治平觀。

王嚞號重陽子，咸陽人。母感異夢而娠，二十有四月始生。身脩長，貌雄偉，弱冠業進士，善屬文，才思敏捷。僞齊劉豫改元阜昌初，大飢，人相食。嚞家富厚，爲鄰里刼取，家財一空。有司率兵捕得，嚞曰：吾不忍寘之死地。有司賢之。一日，遇呂純陽於醴泉，授以修仙口訣，并秘語五篇，且曰：速去東海投譚捉馬。已而亡失所在。嚞乃捐妻子，送次女於姻家，竟委家去。嚞性不檢束，人呼爲王害風。

常携鐵罐乞食經行藍田登州崑崙之間。其隨行馬鈺、譚王劉處玄、丘處機，皆其傳道弟子也。一日作詩別衆親友，奄然而逝，年五十八歲。馬鈺嗣其教，與譚、劉、丘、縱爲宗盟。元至元六年，贈爲重陽全真開元眞君，有前後韜光集，行于世。

宋耕，號雪溪先生，世家雙流。遷崇慶。宋紹興中，爲閬中令，得道仙去。後其孫德之聞其在四明，親往訪焉，至雪竇山，有蜀僧言聞諸耆老云，山後有爛平山，有二居士焉，其一宋宣教也。德之躋攀至爛平，果見有丹鑪而仙蹤不可復尋矣，乃置祠其上而歸。

孔元，不知何許人，嘗服松脂、松實、茯苓，容更少壯，年已一百七十餘歲酒筵間或請元作酒令元乃以杖柱地倒頭向下持酒倒飲人不能為之也常于水邊鑿地作一方丈住其中絕不飲食月餘復出後入華嶽得道不返

石坦渤海人遍游趙魏諸名山遇異人得道能分身同時詣十餘家各家皆云坦於某時到所言各異後不知所之

馬鈺寧海人孫仙姑其妻也初名從義字宜甫後改名鈺號丹陽子母初孕時夢麻姑賜丹一粒吞之覺而分瑞時金太宗天會五年也兒時常誦乘雲駕鶴之詩李無夢見而奇之曰額有三山手垂過膝真大仙之材孫君以女妻之生三子嘗題詩云抱元守一是工夫懶漢如

今一也無終日啣杯暢神思醉中却有那人扶衆皆不曉其意一日王重陽祖師自終南來訪之云宿有仙契既食瓜從蔕食起鈺問其故曰甘向苦中來又問從何方來曰不遠千里特來扶醉人鈺默念與前所作詩合異之遂師事焉始鈺夢一鶴從地湧出至是起菴南園供事重陽名其菴曰全真重陽欲挽西遊鈺未能輙棄家業重陽多方點化乃命鎖其菴日餽一食時風雪四入然重陽神形冲暢如在春風中且日與鈺夫妻梨芋與栗鈺念始决遂以貲產付三子從居崑崙之煙霞洞孫仙姑在家結菴各行其所傳修煉二十餘年一日鈺謂門人曰今日當有非常之喜輙歌舞自娱俄聞空中

樂聲。仰見仙姑乘雲而過。仙童玉女。旌節儀仗。擁導前後。俯而告宜甫曰。先歸蓬島待君也。於是夜坐談。將二鼓。風雨大雷震動。遂東首枕肱而逝。是夜鈺抑酒監郭復中門。索筆書頌。云。長年六十一。在世無人識。烈雷吼一聲。浩浩隨風逸。又書劉錫屋壁一頌。少頃人云。師已逝矣。方悟所見者。皆其陽神也。後進士徐紹祖等。見重陽雲冠絳服。丹陽三髻素衣。現於雲際。移時方去。

孫仙姑。名不二。號清靜散人。馬宜甫妻也。俱寧海人。母夢鶴入懷。覺而有孕。姑生而聰慧。好濟人。重陽祖師自終南來。化宜甫洎仙姑入道。夫婦雖敬奉若神。未能輒弃家從之。一日仙姑見重陽大醉。徑臥於仙姑寢室。姑怒。

鎖門伺候入呼宜甫歸而告之宜甫曰師與我談道未
離几席室有此事及開鎖其室已空復窺所鎖之菴祖
師睡正濃也姑愈敬信乃始作菴修煉時年五十矣後
復從鳳仙姑遊至洛陽六年道成一日忽謂弟子曰師
真有命當赴瑤池遂沐浴更衣書頌云三千功滿超三
界跳出陰陽包裹外隱顯縱橫得自由醉魂不復歸寧
海書畢跏趺而化香風散漫瑞氣氤氳竟日不散
上官道人劍浦人辟穀煉氣一日作辭世偈云處世紅塵
五十八混沌獨存今始没時人若問吾歸處掃盡雲霞
一輪月後成兵于廣西有復見之者
呂道章垣曲人金大定間為縣吏夜夢神人教以修道寤

即避役居洪慶觀道成治人疾疫皆驗比修觀宇買本
管州山放栰遠近不一每木上皆有道童身董之工訖
乃解衲置黃河水面道童坐其上順風而去
譚處端字通正初名玉號長真子寧海人生而骨相不凡
六歲墮井則安坐水上又所居失火棟折於榻前處端
方熟寢呼而起之神情自若十歲詠木架葡萄有云一
朝行上青龍架見者人人仰面看居家以孝義稱博學
尤工草隸因醉卧雪中感風痺疾乃精誦北斗經以求
濟忽夢大席横空欲取之見諸星坐其上處端拜禱之
恍然而覺自是歸道之心遂決金世宗大定七年聞王
重陽祖師在馬丹陽家徃師之重陽留同宿菴中時大

寒。重陽展足令抱之。少頃汗出。如置身甑中。明日以洗手餘水令滌其面。宿疾頓愈。後隨重陽之崑嵛。一日寓新鄉府君廟。尋復往衛州新鄉廟。廟官溫六。忽夜見菴中燈火熒然。竊視之。見處端向火獨坐。溫拜於前。處端微哂。不言而出。溫待師久不至。乃跡之。不知所在。急呼道衆白其事。衆令朱四者詣衛質之。主人曰。先生自來衛。未嘗少出。朱回告其衆。始知處端陽神也。後乞食磁州。一狂徒遽以拳擊其口。血流齒折。而容色不變。但云。謝他慈悲教誨。時重陽在關中。聞而讚之曰。一拳消盡平生業。云過高唐縣。書龜蛇二字。贈茶肆人吳六。吳懸之於肆。時隣舍失火。多所延及。而吳肆獨存。人以二字比呂純陽辟火符東遊至陽武夜見北斗次換星如車輪語石孔目今年此地當有大水災是年果河決後寓華陰夢遇重陽丹陽報以飛仙之期乃作長短句一首書畢曲肱而逝有水雲前後集行世

劉處玄字通妙號長生子母夢白衣翁指取玉樹金葉忽墮于手視之乃金蟬飛入口中處玄乃生是夜紫氣二道從大基山橫貫其家處玄弱冠即不欲娶一日於隣居壁間得二頌其墨尚濡末句云武官養性真仙地須作長生不死人是年重陽與其徒丹陽長真自東而來玄與母叅謁重陽問之曰汝解壁間語否因令從遊冞註道德黃庭清靜等經有駙馬都尉出鎮萊州見其

歸向者甚衆，而不見有異于人。乃捕處玄于獄，俄市人見玄於城南。押獄鄭姓者，亦見之，意為逃出，急往視獄中，處玄方熟睡，乃驚駭。具白，馹馬亟令出之。泰和二年，主濱州醮，正月中旬，小雪初霽，古城濠水上現瓊葩玉樹千數，若珊瑚之狀，尤多桃杏花，衆皆以為通明所感也。次月羽化，春秋五十有六。有太虛安閑仙集、至真語錄等集，行世。

徐巒，海鹽人，少有道術，貫收捕邪精。錢塘有杜氏女被邪，巒為作符召之，見白衣人入門，巒一叱，即成白龜，後登石崎山不返。兄弟往尋之，見巒在山上倚樹不動，抱下惟空殼耳。

丘處機字通密號長春子登州人幼穎悟夙有道緣年甫
十九遁居崑崙山後聞王重陽往寧海全真菴即往師
焉相隨遊梁未幾重陽羽化與馬丹陽譚長真劉長生
四人護喪葬之終南廬墓三年餘金世宗召見待之甚
優辭還終南賜錢十萬不受元太祖遣侍臣劉仲祿萬
里迎之設二帳於御幄之東以居訪以至道對曰人生
四十以上血氣漸衰宜修德保身以介眉壽又諭以服
藥節欲之理藥為草精為髓去髓添草譬如囊中貯金
以金易鐵久之金盡囊之所存者全鐵耳夫何益哉服
藥者何以異此又言兵火相繼流散未集宜量免稅賦
以蘇黔黎亦祈福之一端耳又言為治在敬天勤民長

生在清心寡欲。太祖悅。命左右書於策。嘗禱雨及退熒惑皆驗。大寵眷之。後辭歸。乃賜以虎符。凡道家事。一委處機處置。一日持梨花贈張公去華。公養之瓶中。至秋結實二十四枚。延祥觀枯槐一株。處機以杖遶而擊之。云此槐生矣。及今榮茂。他槐莫及。至元六年六月。東湖水涸。北口山摧。處機曰。其為我乎。九日登實玄堂留頌。書畢而逝。春秋八十。有磻溪鳴道集。行世。

唐廣真。嚴州人。既嫁。得血疾。夢道人與藥服而愈。自是與夫相離。從師修道。得謁何仙姑。宋淳熙中。在郭家食飯。若有人喚者。出門。逢三仙人。引至海邊。跨大蝦蟇渡海。因隨游名山。仙人問曰。汝欲超凡入聖耶。留形住世耶。

棄骨成仙耶。對曰。有母在。願奉終養。曰。如是。且留形住
世。遂與丹一粒呑之。自是不米食。後召入德壽宮。封寂
靜凝神眞人。
陳楠。字南木。號翠虛。博羅人。以盤櫳箍桶爲生。後得太乙
刀圭金丹法於毘陵禪師。得景霄大雷琅書於黎姥山
神人。歸以符水捻土愈病。時人呼之爲陳泥丸。時披髮
日行四五百里。鶉衣百結。塵垢滿身。善食犬肉。終日爛
醉。嘗之蒼梧。遇郡禱旱。翠虛執鐵鞭下潭驅龍。須臾雷
雨交作。過三山大義渡。洪流舟不敢行。翠虛浮笠而濟。
行欽管道中。遇群盜拉殺之。瘞三日。盜散復甦。遊長沙。
衡帥節。執拘送邕州獄。數夕又囬長沙矣。中夜坐或含

水銀越宿成白金常自言閱世四十五然人傳有四世見之者以丹法授白玉蟾寧宗嘉定間於漳入水而解去當日有葛縣尉在潭州寧鄉見之翠虛與尉父相餞。因寄書潮州達其父詢之即水解日已復與其父相見。有翠虛妙悟全集行于世。

訾亘陳留人師丹陽馬鈺長春丘處機自號寧真子。人稱訾仙翁游歷濟南抵鄭之鈞臺金泰和間大雪丈餘亘不出已十餘日人以為死矣除雪視之端坐儼然殊無寒餒色貞祐間大兵破關臨軍民震恐亘曰無妨已而果然哀宗奔蔡問曰天下城池攻陷殆盡此城獨堅何也僉以訾仙翁對亘遂溘然羽化未及葬翌日城陷矣葛長庚。宋瓊州人。母以白玉蟾名之。應夢也。年十二。應童子科。後隱居于武夷山。號海瓊子。事陳翠虛。九年始得其道。蓬頭跣足。一衲弊甚。喜飲酒。未見其醉。博洽儒書。出言成章。文不加點。大字草書。若龍蛇飛動。兼善篆隸。尤妙梅竹。嘗自讚云。千古蓬頭跣足。一生服氣飡霞。笑指武夷山下。白雲深處吾家。雷印常佩肘間。祈禳則有異應。時言休咎。驚省聾俗。嘗在京都遊西湖。至暮墮水。舟人驚尋不見。達旦。則玉蟾在水上。猶醺然也。一日有持刀追脅者。玉蟾叱之。其人刀自墮而走。玉蟾招之曰。汝來。勿驚。以刀還之。時稱玉蟾入水不濡。逢兵不害。宋嘉定中。詔徵赴闕。對御稱旨。命館太一宮。一日不知所往、後每往來名山、神異、莫測、詔封紫清明道真人所著有上清武夷二集、行于世。

彭耜、字季益、三山人。早有文聲、事白玉蟾、得太一刀圭火符之傳。尤得金鉛砂汞之書。紫霄嘯命風霆之文。隱居鶴林、以符治疾、與世絕交遊、其內子潘蘂珠、厥志惟一。後尸解福州、為鶴林真人。

朱橘號、翠陽、淮西人、母夢吞一星、光大如斗、有娠、懷十五月、母常憂焉、一日遇道人於門、手持一橘曰、食此子生矣、母喜而食之、請問姓氏、道人曰、翺君子、吾姓氏也、言訖不見、移時橘生、父因命名橘焉、兩領鄉薦不遂、因臨池顧影、倏然警悟、遂厭名利、慕修煉、一日復遇道人手握一橋。狀若風狂。行歌曰。橋橋橋。無人識。惟有姓朱人。
方知這端的。衆皆莫曉其意。獨橋有所感。尾至郊外。拜
而問曰。眞人非鞠君子乎。道人曰。予何人斯。橋以姓名
告。道人曰。予今何所欲。或富或貴。惟汝擇之。橋曰。人生
富貴。如海上漚。空中雲。何足慕。惟神仙不死之旨。所願
聞也。道人因點化之。且戒令往皖公山築室。依法修煉。
橋拜謝訖。道人乘雲冉冉而去。道人即鞠君子。號九霞。
陳翠虛之弟子也。橋遵教入皖公山。後有人見一小兒。
潔白如玉。洗手菴前池上。行如流星。隨其所之。入菴不
見。惟橋端坐。人皆謂小兒是橋之分身也。一日謂鄉人
陳六曰。吾今當立化於縣衙前。願將淨土護之。陳從其

言化後用泥塑之傳羅吏醉怒曰此假化也乃執発鞭之但堆泥墮地而已衆方知橋示化而尸解云宋理宗淳佑二年也

韓君子附

郝大通字太古號恬然子寧海人少孤事母甚孝嘗夢神人示以周易秘義由是動曉陰陽律曆卜筮之術重陽至寧海因點化入道後至岐山復遇神人授以易義凡言休咎無有不驗嘗坐趙州橋下而不語時為小兒輩戲累磚石為塔於頂囑以勿壞頭竟不側河水泛濫暑不為動而亦不傷如是者六年寶慶元年仙蛻于寧海先天觀年七十有三前此三年已預修葬事

賣薑翁未詳姓字在衡州市荷擔賣薑三十餘年顏貌不改偶遇一道人於茶肆謂曰吾有黃白之術徧求有常德者授之翁不應但就擔頭取薑一塊納口中吐出即成黃金道士遂相顧而咲自是皆不復見

李志方初名益安陽人金宣宗時為戶部令史後棄官隱隆慮山修煉謁丘處機錫號重玄子嘗主天慶宮有萬鶴遶壇之異生平不作詩惟羽化時留頌曰四大既還本一靈方到家白雲歸洞府明月落棲霞投筆而逝

王處一寧海東牟人號玉陽母周氏孕時夜夢紅霞繞身驚寤而生兒時游戲山中遇一老人坐大石上謂之曰子異日揚名帝闕為道教宗主大定八年遇重陽祖師

於全真菴請為弟子後從重陽至烟霞授以正法其母
亦拜重陽願俱學道號玄靜散人處一獨在鐵查山重
陽與丹陽輩行龍泉道中時日方熾重陽執傘忽騰空
而去自辰至晡其傘墮於處一之菴前傘上有祖師手
字龍泉距查山幾二百里處一隱於雲光洞常臨危崖
翹足駐立不移者數日人以鐵脚仙人目之二十七年
世宗徵赴闕凡所應對無不時中章宗二年復徵見於
便殿問曰凡有所問而輒知之何也對曰鏡明猶能鑒
物況天地之鑒無幽不燭何物可逃所謂天地之鑒即
自己靈明之妙也章宗嘆曰清明在躬志氣如神先生
之謂也明年元妃施道經一藏驛送詔旨玉虛觀覩之

水洞前。有大石斜出數丈，俯其下。過者懼怯，衆欲鑿去攻之數日。僅去百分之一。處一笑曰汝等安能辨此，遂躬詣其傍，運鎚三擊，聲若雷霆，響震巖谷，其石即墜，見者悚然，明年四月，忽語門人曰，群仙已我約矣，乃沐浴冠帶，焚香朝禮十方而逝，有雲光集，行世。

李靈陽，京兆人，為人沉嘿寡言，博學好仙，遇至人授以抱一符火大丹之訣，與王蟾重陽為友，嘗謂重陽曰，子化日，道化九圍，教行四海，非吾輩可及，一日丹陽郝丘劉譚來謁靈陽，預留錢於終南食肆，曰今日有仙客丘劉譚馬者至，則欵之，四師至，食肆道姓以邀之，丹陽笑曰，子何知予等姓氏，曰李仙君預教，故知之，四子食畢，往謁靈陽。以其為重陽侶。咸以師叔稱之。

顏筆仙。高郵人。少落魄。宋寶慶初。鬻筆遇仙。日售筆十矢。則止。會轉運使過見之。問曰。能飲不。曰。能。飲一斗。飲畢。長揖而去。遺所携筆於舟中。運使令左右取還之。衆盡力莫能舉。凡得其筆者。剖管中必有詩偈。紀其破毀年月。及人姓氏禍福。無不奇中。故號筆仙。年九十七。一日積葦庭中。坐其上。自舉火。人見烈焰中仙乘火雲而去。

郭志空。金章丘人。遇異人傳以秘法。遂坐而不卧。善運氣或變為靈風而通透關節。或變為玉液而灌溉骨髓。神幻變化。非止一端。

宋有道。字德芳。號黄房公。沔陽府人。無雲則能以符而行雲有雲則能披雲而見手故時號披雲真人一日遇丹陽授以金丹火候秘訣行之兩年能二其身弗死因遊東海適元太祖召丘長春及諸真十八人為之輔行公為首焉後以至道授李太虛寓燕之長春觀坐逝

李雙玉名珏崇慶州人既得黄房公金丹之道改名棲真號太虛卽往武夷潛修半載餘道將成乃即道經龍虎山先夕雩壇有夢真人至者時久旱祈禱弗應次日真人果至衆皆弗知惟夢者曰是此人也衆請祈雨應時霑沛至真州玉虛庵結寰而坐後出寰以道授張紫瓊囑曰金丹宜潛修大道當人授後入青城山莫知所終

盧六上林人生不食肉一日往樵大山見二白衣對奕六

從旁觀之。一白衣曰。汝且去。十日可再來。忽不見。六遂家。如約而往。不見白衣人。遂覓至大山之巔。有平石方丈。六乃坐其上。即化。鄉人以為仙去。建祠祀焉。

李賤子。宋融州人。初傭于柳城龍氏家。為其耕牧。性喜眠。龍氏常責之。賤子乃結草為人。驅使代耕。凡賤子驅邪魅。不假符咒。嘉禧中仙去。

張留孫。貴溪人。少時入龍虎山為道士。有相者謂曰。神仙宰相也。元世祖時。從天師張宗演入朝。世祖與語稱旨。遂留闕下。世祖嘗親祠幄殿。忽風雨暴至。留孫禱之即止。授為玄教宗師。居崇真宮。留孫嘗論治道貴清淨之旨。深契世祖意。加號大宗師。武宗時。陞大真人。

吳全節安仁人。年十三。學道于龍虎山。至元中。至京師從張留孫見世祖。後成宗召見。授玄教嗣師。贈封其祖父母。進玄教大宗師玄德真人。全節雅好結士大夫。推轂善類。振窮周乏。惟恐不盡其力。年八十二而逝。

黃公望富陽人。聰敏絕倫。通百氏說。尤工畫山水。運思落筆。出人意表。元至元中。浙西廉訪使徐琰。辟為書史。未幾竟弃去。更名堅。號一峯。又自稱大癡道人。放浪江湖。八十餘。端坐而解。

張仙姑南陽人。人有疾。姑輒瞑目潛為布氣攻之。俄病者腹熱如火。鳴響如雷。雖沉痼立愈。宋沒。不復見。

張模。字君範。德興人。後聞道。改名道心。號紫瓊。祈太虛偶寓安仁熙春宮。紫瓊求授金丹。太虛弗與。繼而適市。因見施丐錢三十文。乃曰可授已。遂以金丹之道付之。次年復會真州。始全火候。紫瓊復以至道授于趙緣督。乃即隱去。

趙友欽、字緣督。饒郡人。為趙宗子。幼遭兵火。早有山林之趣。極聰敏。天文經緯。地理術數。莫不精究。及得紫瓊師。授以金丹大道。乃搜群書經傳。作三教一家之文。名曰仙佛同源。又作金丹難問等書。己巳之秋。寓衡陽。以金丹妙道授上陽子陳觀吾。今衢州龍游縣治南二里雞鳴塔下。尚有趙緣督葬衣冠墓存焉。

周史卿。浦城人。宋淳祐中。遇異人得養生之要。隱油界山。

二十年鍊丹垂成一夕風雷大作丹失去遂出神求之
囑妻曰七日復來有一僧謂其妻曰學道者視形如糞
土當焚之實釋其贅累也妻遂從之明日史卿來空中
啞啞責其妻而去

張拱宋汴州人舉進士不第賣藥宜春門忽有道士抵其
肆授棗七枚食之自是不食二年溲矢俱絕日行數百
里後游名山不返

洪志不知何許人高才博學學道廬山常乘青牛來往忽
遇異人授以神方自是能明六甲役使鬼神變化不測
常携一小籃籃中脯果取之無盡嘗宿旅舍時天寒人
見其單服試暗窺之見其於小籃內取出錦衾繡褥畢

盡宮麗始異之後丹成仙去因名其常往來山谷為青
牛谷焉。

李箓字定國濟南人。一日往西湖淨慈寺過長橋忽于竹徑迷路見一道人林下斷笋。箓揖問之道人曰何往曰往淨慈道人曰未須去且來同食燒笋食之甚美俄風雨晦冥失道人所在少頃雨霽出寺門外即覺身輕神逸行步如飛及歸舍不復飲食乃入蜀隱青城山其從兄李莫為梓州路提刑使人至蜀訪箓蜀守報書數年前已輕舉乘雲而去今惟繪像存耳

洞真子元涿州人姓丘壯年學道嘗游碭山縣創建聚仙宮北游京師賜號寶岩大師道侶號為洞真子寶祐中。

邀里中故舊會茶云有他適告别次旦人見其向西去弟子闢户視之巳羽化矣

岳真人涿州人其母夢老人皓首長身冠劍莊偉告之曰我今當寄毋家矣明日州人見有青氣西北起自天而下隨往視之止于岳家真人乃生自幼不嗜酒肉長即辭親學道師太玄真人卒得其秘元至正中封崇玄廣化真人丞相安童病真人視之即愈大德初升仙而去

景素陽襄陵道士師事梁古賓居阜山道院元末兵亂鄉人匿山中唯素陽與師不去兵至索財不得欲殺古賓素陽曰師老矣願以身代兵即以刀砍素陽刀忽斷為三兵皆驚異羅拜而去

莫月鼎諱洞一字起炎湖州人生而秀朗肌膚如玉雪。雙
目有光射人。入青城山丈人觀見徐無極受五雷之法
又聞南豐有鄒錢壁者得王侍宸斬勘雷書秘匿不傳
乃委身僮隸事之。會鄒病革將遣去月鼎拜且泣具以
實告鄒稱嘆即以書相授於是月鼎自名雷師。驅破鬼
魅動與天合時嬉笑怒罵皆若有神物從之者。元世祖
召見時天色爽霽帝曰可聞雷否月鼎曰可。即取胡桃
擲地雷應聲而發震撼殿廷元主為之改容復命請雨。
立至元主大悅賜以金繒月鼎碎截之以濟寒窶者性
愛酒無日不醉。醉輒白眼望天陰風倏倏起衣袖間嘗
與客飲西湖舟中。當赤日如火客請借片雲覆之月鼎

失拾果殼浮觴而頊之雲自湖濱起翳于日下。番禺觀道士。中秋方會飲。觴既舉。有雲蔽月。久不解。月留時寓觀中。道士知其所為。急請赴筵。且謝過。月留以手指之。雲散如洗。山民為鬼物所憑。狂不可制。月留以酒噀其面。鬼即解去。賣餅師積餅於筐。時被精怪竊去。月留召雷轟雲中。斬猢猻首于市。一人娶婦。半路為白狼精所攝。至門但空車焉。月留禹步如有指麾狀。狂風忽作。飄婦還舍。婦云。適在北高峯。何以忽然至此。七十三歲。一日屬其徒王繼華。曰。明年正月十三日。將化於汝家。及期風雲雷雨電交作。索筆作偈。書畢泊然而逝。顏面如丹。

張三丰。遼東懿州人。名君實。字玄玄。生有異質。龜形鶴骨。大耳圓目。身長七尺。鬚髯如戟。頂作一髻。手持刀尺。一笠一衲。寒暑御之。不飾邊幅。人目為張邋遢。日行千里。靜則瞑目旬日。所啖斗升輒盡。或辟穀數月。自若也。元末居寶鷄金臺觀。留頌辭世而逝。土人楊軌山置棺殮訖。臨窆發視之。復生。乃入蜀。洪武初。至太和山修煉。結庵於玉虛宮。菴前古木五株。嘗棲其下。久則猛獸不距。鷙鳥不搏。人益異之。後入武當。嘗語鄉人云。茲山異日當大顯。於時居二十三年。拂袖遊方而去。永樂初。勅正一孫碧雲。於武當建宮。以候。天順中。贈為通微顯化真人。或隱或見。

劉道秀安肅人少從磐溪山禮和光道人為師後歸省見莊客暴死與之符立活又宗人妻死亦治之立生嘗有群盜夜刼秀遷呼大風欻起盜皆潰走其靈異大都類此後仙去

張中字景和臨川人遇異人授太乙數談禍福多驗令人多秘錄其言常戴鐵冠因號曰鐵冠道人時

高皇帝初駐師滁陽道人謁

上曰天下大亂非命世之主未易安也以今觀之其在

明公乎

上問其說對曰明公龍瞳鳳目狀貌非常貴不可言若

神采煥發如風掃陰翳即受命之日也

上奇之，留於幕下，屢從征伐，每令望氣，以決休咎。言出必驗。鄱湖之戰，陳友諒已中流矢死，兩軍皆未知覺，道人望氣知之，密奏曰，友諒死矣，然其下未知，猶為之力戰。請為文以祭，使死囚持往哭之，則彼衆氣奪，而公事濟矣。

上從其言，漢兵遂大潰。徐武寧王為列將時，道人謂之曰。公兩顴赤色，目光如火，官至極品，所惜者僅得中壽耳。後果以五十四而薨。梁國公藍玉，攜酒訪道人。道人野服出迎，王不悅，因戲曰。吾有俚語，請先生屬對。云，脚穿芒履迎賓，足下無禮。道人指王所持椰杯，復之曰，手執椰瓢作盞，尊前不忠。後王以謀逆伏誅。道人居都下數年。一旦無故自投於大中橋水死。乃水解也。
上命求其屍不獲。已而潼關守吏上奏云某月某日。鐵冠道人策杖出關。計之。正其投水之日。
周顛仙不知其名自言南康建昌人。年十四。得顛疾。行乞南昌三十餘年。忽有異言。凡新官到任。必謁見而訴之。其詞曰。告太平。是時元天下承平日久。將亂故顛先發此言也。
高皇帝每出。顛必向前遮拜。而每以告太平為言。上厭之。命沃以燒酒觀其如何顛劇飲。終不醉。欲遂除之顛曰。公寧能死我乎。水火金梃直若無耳。乃命覆以巨缸積薪煅之火熄啓缸。正坐晏然。乃復煅之顛猶故也。再加新久瓶之啓缸但煙凝缸底顛微撼其首即醒然無恙。
上乃令寄食蔣山寺。日與諸僧撓競月餘僧以實奏言
其異常與沙彌爭飯遂不食已半月。
上便命駕往視之。顛出謁
上殊無倦容饑色。
上飯於翠微。設盛饌召之侍食既而令僧且餓之論之
以為清齋僧因閉顛空室中。水米不入口者二十有三
日。
上又自往論之吾來為汝開齋。令諸將校先饋之衆各
進酒饌顛盡食之既悉吐去。
上命至侍食仍大飲亦似有酣態乃趍出先行伺

上還伏於道右。以手畫地為圈。顧謂

上曰。你打破一桶成一桶矣。已而王師徇九江。

上問顛。此行何如。對曰。好。

上曰。彼已稱帝。今欲取之。豈不難乎。顛仰視屋。久之。端

首正容。搖手曰。上面無他的。

上曰。汝從行可乎。曰。可。即以所扶杖高擧。趨前作揮擊

狀。以示必勝意。行至皖城。苦無風。遣問顛。顛曰。只管行。

只管有風。無膽不行。便無風。乃令衆挽舟。不三里。風起。

既而狂飈猛作。倏忽達小孤。

上諭衆。但聞顛言。即來白。至馬當。江豚戲波中。顛曰。水

怪見。當損人多。

上聞之怒令持顛去投之江父之衆與顛俱來。
上曰何不投之衆曰頻擲不能死。
上乃更與同食食罷顛整容飭衣若遠行狀趨近
上前曲腰伸頸而嘻曰你殺之。
上曰且未可殺姑縱汝乃縱之廬山莫知所之。
上後親為文勒石廬山以紀其事。
冷謙字啓敬洪武初為協律郎郊廟樂章多其所撰謙有
友人貧不能自給求濟于謙謙曰吾指一處所汝往焉
慎勿多取乃於壁間畫一門一鶴守之令其友敲門門
忽自開入其室金寶爛然盈目其友恣取以出而不覺
遺其引他日內庫失金守藏吏疑庫中何以有遺引必

此人盜也。乃書其姓名。執而訊之。詞及謙。因并執謙。謙將至城門。謂拘者曰。吾死矣。安得少水以救吾渴。拘者以瓶汲水與之。謙且飲且以足插入瓶中。其身漸入。拘者曰。汝不出。吾輩皆坐死矣。謙曰。無害。汝但持瓶徑至御前。

上問之。瓶中輒應如響。

上曰。汝出見朕。朕不殺汝。謙對臣有罪。不敢出。

上怒。擊其瓶碎之。呼之。片片皆應。竟不知所在。後有人於蜀中見之。

周玄初。姑蘇人。精神溢目。不類塵中人。事母孝。尤好澤物。初得道於李拱瑞。能除邪妖。禱雨奇應。洪武中屢被

召命呼致雷雨數著神異時設神樂觀授正一仙官領
觀事別號鶴林有鶴林集
任風子范縣人狀貌奇異少孤為酒家傭遇異人授以仙
術遂修煉于安平鎮之真武廟經旬不食雖隆冬單衣
行乞于市氣體完粹雙目烱然言休咎立應弘治甲子
冬端坐而尸解後有人見其在遼陽
裴仙弘治初人嘗見之後嘗寓夏桂洲公家一日夫人歸
寧裴拽其轎作兒啼至晚夫人卒公再相裴聞命輒喚
奈何
沈野雲本朝烏程人名道寧幼習外學精仙傳
朝廷累召禱雨旱輒驗賜三品誥封為至高道士

海上老人。不知姓字。髮如銀絲。顏如渥赭。雙目澄澈。左手
常握而不開。日進生果三枚。水一勺而已。洪武壬午過
濟。求樂間復至。成化乙巳。濟南衛指揮朱顯奏
聞
賜姓名王上能

有象列仙全傳卷之八終

武志士

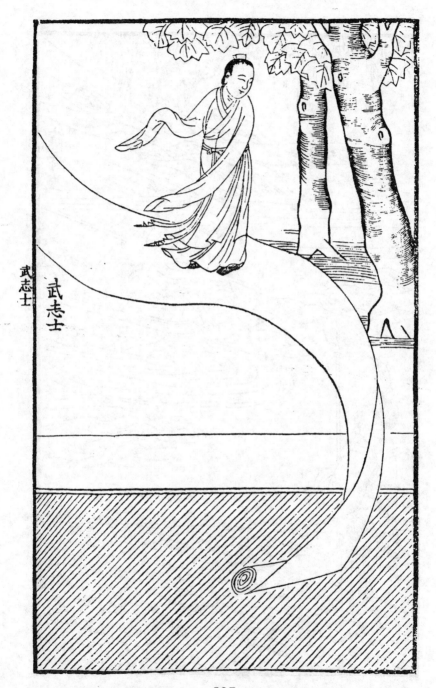

薩守堅

王寵

孔元

馬鈺

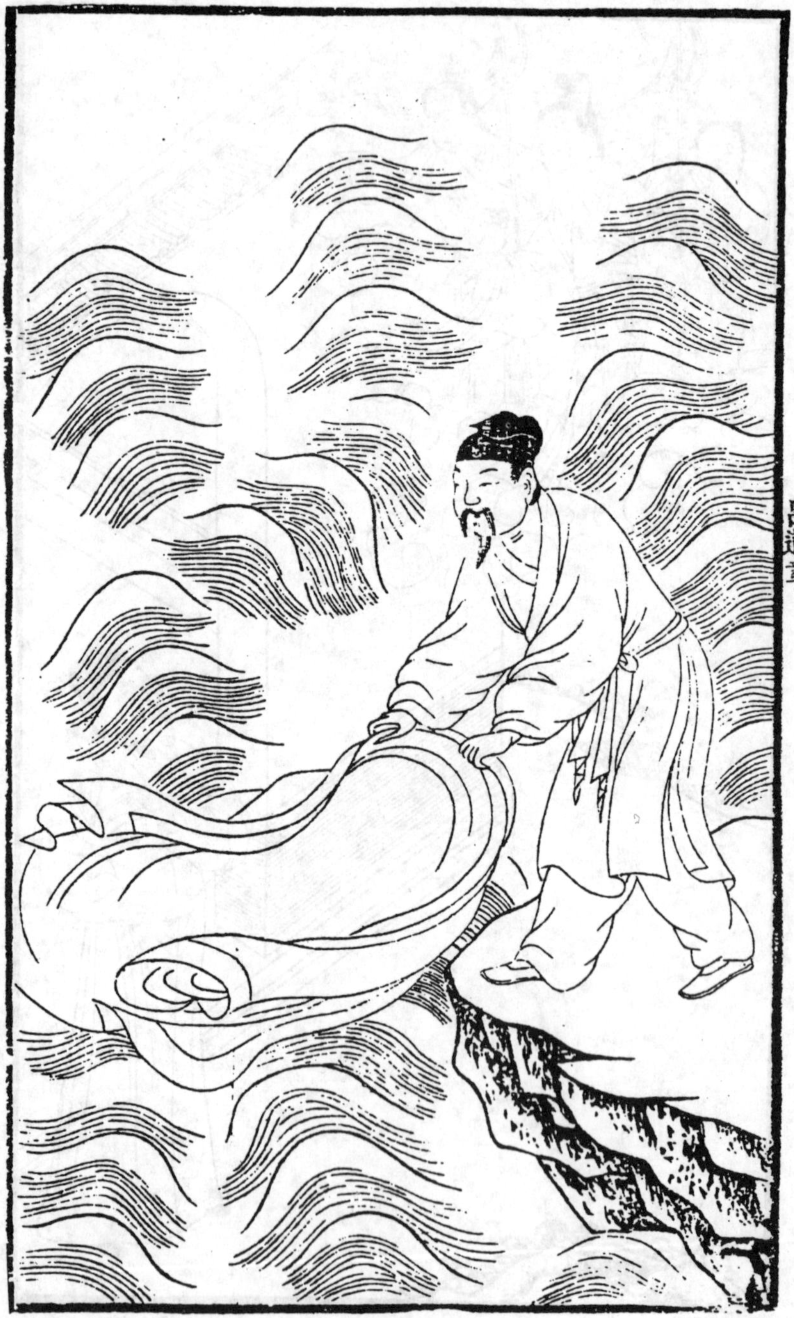

呂道章

譚處端

徐彎

丘處機

唐廣真

陳楠

郝大通
郝大通

王處一

宋有道

洪志

張三丰

張中

周顛仙

列仙全傳卷之九

新都後學汪雲鵬輯補

姮娥羿得仙藥於神人未及自服其妻（妻今多作女非）聞而竊食之奔入月宮為姮娥

吳剛（一作質）西河人學仙有過謫令月中伐桂創隨伐隨合

長桑公子周宣王時采薪叟也常散髮行歌曰巾金巾入天門呼清精歙玄珠鳴天鼓養泥丸人皆莫之曉獨老聃曰此活國中人其語奧矣斯皆修習無上真正之詞得服三五守洞房之道者也

張天翁名堅字刺碣漁陽人少不羈無所拘忌嘗張羅得一白雀愛而養之夢天劉翁責怒每欲殺之白雀輒以

報堅堅設諸方侍之終莫能害天劉翁遂下觀之堅盛
設賓主乃竊騎其車駕白龍振策登天劉翁乘餘龍追
之不及既到玄宮易百官杜塞北門封白雀為上卿侯
改白雀之亂不產于下土劉翁失治徘徊五岳作災堅
患之以劉翁為太山守主生死之籍

馮延壽周宣王時史官曰乞食公西嶽真人也楚莊公時
有市長宋來子遇乞食公乞市經日而歌曰天庭發雙
華山源障陰邪清晨按天馬來詣太真家真人無那隱
何以滅百魔一市人無解歌者獨來子有悟乃拜求師
之棄職隨逐積十三年公遂授中仙之道以居中嶽

王中倫高唐縣鳴石山岩高百仞餘人以物扣岩聲甚清

越晉太康中，逸士田宣隱於岩下，葉風霜月，常拊石自娛。每見一人着白單衣徘徊岩上，及曉方去。宣後令人擊石，自於岩上潛伺，俄果來，因遽執袂詰之，乃言姓王字中倫，衛人，周宣王時入少室山學道，此頻適方壺，去來經此，愛此石音響，故輒留聽。宣因求養生術，唯留一石如雀卵，初則凌空百步，漸烟霧障之，宣得石含，輒百日不飢。

王次仲向結庵隱居泉漾山，善書，因變篆為隸體，世共宗倣。秦始皇聞而召之，欲爵以官，不至，始皇怒，復遣使欲殺之。次仲變為大鳥，振翼而起，使者拜告曰：君乃飛去，吾無以復命矣，奈何？須臾墮下三翮，使者乃持還報。因名其處為落翮山。

張麗英漢寧都縣張芒女也生稟異質面有奇光居常不照鏡但對紈扇如鑒焉年十五矣志入山修煉遂得道長沙王吳芮聞之使使來聘麗英弗許乃昇山之最高處謂使者曰山有石鼓中通洞天若能鑿通之當就相見也使返芮自率兵攻鑿既通忽紫雲鬱起少頃方見麗英在半空中語曰吾為金星之精特降治此山耳語訖投下石鼓文一章而去後人因名其山為金精山焉搜神記云道家以是山為第三十五福地

王曄魏時人白羊公子之弟子也居華嶽熊牢嶺常種黃精於溪側虎豹為之耕耘出入送來虎豹後以道術傳

王法冲。乃尸解而去。

翟天師。名乾祐。峽中人。身長六尺。手大尺餘。每揖手過胷前。臥常虛枕。晚年稍稍言將來事。嘗入夔州市大言曰。今夕當有八人過此。可善待之。衆不之悟。其夜火焚數百家。方悟八人。火字也。每入山。虎群隨之。曾於江岸與弟子數十人玩月。或曰。此中竟何有。翟笑曰。可隨吾指觀之。弟子兩人見月在半天。樓殿金玉燦目。應接不暇。數息間不復見。

蜀有道士陽狂。俗號為灰袋。乃翟天師晚年弟子也。翟先每戒其徒曰。勿欺此人。吾所不及。嘗大雪中衣單褐入青城山。暮投蘭若求寄宿。僧曰。貧僧一衲而已。天寒如此恐不能相庇但言容一牀足矣至夜半雪深風冽悄無息聲僧慮道者已死就視之去牀數尺氣蒸如炊而袒寢流汗僧知其異人將欲浼之未明不辭而去多往村落每住不逾信宿曾病口瘡不食數月骨立若不勝衣人素神之因為設道場齋散忽起謂衆人曰試窺吾口中有何物乃張口如箕五臟悉露衆驚作禮問之唯曰此足惡此足惡後不知所終

敖仙晉人未詳其名字江西上高縣北之五里曰敖嶺即真人得道處也上有真人祠磨劍石煉丹井下有冲真觀宋熙寧中樞密蔣之奇行部至寶嚴寺題詩曰嘉節長岐路歷歷夢幻身何年一舉掖仙去遂敖君

王纂隱京口馬跡山。晉永嘉末。中原大亂。加以飢疫。死者相繼。纂於靜室飛章告天。祈救生靈。夜感神人語之曰。子念生民。吾今得以畀子矣。竟得仙教。

魏存華。字賢安。任城人。晉司徒文康公舒之女也。幼而好道。精嘿恭介。讀老莊黃庭三傳。味真耽玄。常欲別居閒處。父母不許。二十四適太保掾劉文。生二子。乃離隅齋于別寢。後得仙道。咸和九年仙去。

單道開。燉煌人。常衣麁褐。食細石子。晝夜不臥。石季龍時。從西來。一日行七百里。至秦州。送至鄴。佛圖澄與語。不能屈也。南入羅浮山。卒。以尸置石室中。袁宏為南海太守。登羅浮。見道開形骸如生。

祁嘉字孔賓晉酒泉人少清貧好學博通經傳年二十餘一夜窻外有人呼曰祁孔賓祁孔賓隱去來脩飾人間甚苦不可諧所得末毛銖所喪如山涯孔賓且而西遊海渚教授門生張重華徵為儒林祭酒在朝卿士郡縣守令受業者三千餘人竟以永壽仙去

黄道真晉武陵人弃俗居高吾山修道後乘白鹿而去

蕭防南昌人為句容縣簿遊王晨觀華陽洞至蕋珠殿一紫袍人稱東方大夫華陽洞主謂曰汝之遠祖蕭史真人命董雙成與汝成婚令梁玉清引上殿見一女子交拜玉清致詞云華陽玉女聖世才郎仙凡契合如鳳求凰今日相偶和鳴鏘鏘壽等天地慶衍無疆宴終恍如

夢覺卽棄官入山學道竟成飛舉

宋玄白不知何所人為道士身長七尺餘眉目如畫言談給麗得補腦還元之術卧雪中身不沾積常遊名山辟穀養氣遇越州大旱請玄白祈禱經夕大雨後至信州遇旱有道士知玄白能致雨乃請之遽作法飛釘城隍雙目刺史韋德璘以為狂妖將加責辱玄白笑曰使君不悟劉根欲誅爾祖耶德璘懼須臾雨至以禮遣之後於撫州南城白日上昇

陸法和素有道術能先知禍福北齊文宣時為江夏都督理十州諸軍詣闕但稱荊山居士文宣嘗宴之於昭陽殿賜賚甚厚和亦隨緣盡散復隱于江陵百里洲梁侯

景之亂，遣任約擊湘東王於江陵。法和率蠻兵敗約，禽之。封江陵縣公。處梁室日頹，嘗大聚兵艦，欲襲襄陽。元帝使使止之。法和乃還郢州，堊其城門，麻衣葦坐。及聞梁敗滅，衰服終身。臨解，尸縮止三尺許。後啓棺，無尸。

神和子，姓屈突，名無為，六朝時人。張詠嘗游京師，於封丘門逆旅遇一道流，與飲至醉。詠曰：不知姓名，何以相識。道者曰：我神和子。異日見予於成都。後詠守成都，始異其言，嘗物色訪之，弗得。後游天慶觀，觀壁上畫像一道人，儼然，視其題，曰神和子。詠惆悵不能已已。

錢妙真，與妹依陶隱居，日誦黃庭經，積功修行三十年。至梁普通二年，道成，忽披白衣，入茅山燕洞。妹後至洞，已扃矣。唐大寶間建宮。名燕洞宮。至今有紫蓋蒲碧桃花在焉。

劉珍。廣漢什方人。隋開皇中。居安樂山。忽取所齎道書鍾磬。封于石室中。曰。後三十年。當有聖君取之。吾功行已成。四月之望。當昇天矣。是日自以火化。徃見隋文帝。帝遣使至山訪其事。今建三觀。後唐太宗遣取丹經鍾磬以進。顯慶中。詔書孝淑撰三觀記。治平中。賜額延真。

潘師正。宗城人。隱居嵩山逍遥谷。唐高宗幸東都。召見。問所須。對曰。茂松清泉。臣所須也。高宗尊異之。詔即其廬作觀。時太常獻新樂。遂更名祈仙。望仙。翹仙曲。年九十八而逝。贈體玄先生。司馬承禎盡得其道。

謝自然蜀華陽女真也幼而悟道遇師示以黃老仙經一
覽皆如舊讀及長風神清爽言談迥異年四十出遊名
山洞府靈跡之所無不抵歷聞司馬承禎在天台玉霄
峯遂往師之終日為採薪執爨禎憐其堅苦曰我無道
德何以堪此然爾果何所欲自然懇請曰萬里向師惟
求度世耳承禎恐泄慢大道沉吟未敢即傳復逾歲自
然感嘆曰明師未錄命也因登玉霄峯見滄海蓬萊亦
應非遠遂辭禎去乃浮一席欲航海至蓬萊會遇新羅
舟載之數月見水怪甚多風濤洶惡遂依一山歇泊自
然獨登山眄睞見道士數人侍者皆青衣中一道士花
冠霞帔狀貌端美令青衣問自然何往對曰往蓬萊尋

師求度世法道士咸咲曰蓬萊隔弱水三千里非舟可通非仙莫到天台有司馬承禎者名在丹臺身居赤城爾之師也盍求之俄聞舟師呼促登舟忽風發飄三日夜仍到天台自然趍見承禎具言其事並謝前愆於是擇日升壇授以上清秘法後歸蜀於貞元十年白日昇天（與焦靜真同異）

胡惠起字警俗唐則天以蒲輪召之引見武成殿問仙術惟陳道德帝王治化之原遣使送歸復賜書有曰軒曆之廣成漢朝之河上後白玉蟾云胡天師字拔俗唐長慶三年二月十六日命弟子於伏龍岡造墳解蛻年數百歲謚洞真先生

鄧紫陽名思瓘臨川人隱麻姑山中唐開元末感虎駕雷車之異奄忽而化靈昌太守李邕作碑紀其事。

殷七七名文祥又名道筌不知何所人也遊行天下人多見之不測其年壽涇州賣藥時靈臺蕃漢疫病得藥即愈人皆謂之神醫得錢皆施與人。唐周寶鎮浙西時七七復賣藥寶聞之召見謂曰鶴林杜鵑花天下奇絕嘗聞能開頃刻花可副重九乎七七曰諾及九日花果爛熳如春寶遊賞累日花忽不見適會賓主趨迎有佐酒倡優輕侮之乃白主人欲以二栗為令可乎咸喜謂必有戲術於是以栗巡行接者皆聞異香唯侮笑者栗化作石綴在鼻掣拽不落穢氣不可聞且起狂舞花鈿委地。相次悲啼。鼓樂皆自作。四坐笑皆絕倒。久之。相為祈謝。石自落。復為栗花。鈿悉如舊。諸術尚多。不可勝記。

李昇。字雲舉。江夏人。唐德宗甲午年生。幼而聰悟。及長博通群書。機捷。出口成章。性高古。師少室山道士。學煉氣養形之術。時元稹白居易與之友。謂昇曰。生當太平之世。何不就榮祿。而久為布衣。曰。不為世徵。徵亦不就。以詩酒延留歲月。僖宗庚子歲。黃巢犯闕。徙居之宛陵。久之。容貌光澤。鬚髮更黑。目瞳且方。牙齒尖銳如棗核。忽告人曰。厭此兵華紛紛。不如去矣。時年一百四十七歲。翌日氣絕。顏色不變。舉之就棺。空衣而已。

費文褘。字子安。好道得仙。偶過江夏辛氏酒館而飲焉。辛

復飲之巨觥。明日復來。辛不待索而飲之。如是者數載
畧無恡意。乃謂辛曰。多負酒錢。今當少酧。於是取橘皮。
向壁間畫一鶴。曰。客來飲。但令拍手歌之。鶴必下舞。後
客至飲。鶴果蹁躚而舞。回旋宛轉。曲中音律。遠近莫不
集飲而觀之。踰十年。辛氏家貲巨萬矣。一日子安至館
曰。向飲君酒。所償何如。辛氏謝曰。賴先生畫黃鶴因獲
百倍。願少留謝。子安笑曰。來詎為此。取笛數弄。須臾白
雲自空而下。畫鶴飛至子安前。遂跨鶴乘雲而去。辛氏
即于飛昇處建樓。名黃鶴樓焉。

杜光庭。唐縉雲人。咸通中。與鄭雲叟賦萬言不中。遂入天
台學道。應制為道門領袖。僖宗時。從幸興元。後隱于青

城山。蜀王建封為廣城先生。年八十五而逝。人以為尸解去。有文集百卷。

劉無名。嘗夜坐守庚申。服雄黃。後見一鬼使告之曰。我來攝君。君頭上有黃光數丈。不可近。一金二石謂之丹。君服其石。更服其金。則鬼籍落名。青華定籙矣。後遇青華真人。授丹訣曰。鉛為君。汞為臣。石為使。黃芽為田。遂能口內煉汞成金。竟得仙去。

葉千韶。字魯聰。建昌人。少事西山道士。學十二真君道術。辟穀服氣。嘗獨居山中。大雷雨雹。忽一白衣人言。君道德臻備。仙籍擬升。猶當在人間役使鬼神。今奉詔授君天書。韶焚香讀之。若人間兵籍也。自是能立致風雨。驅

使雷電救人疾疫。其應如響。後遍遊天下。至唐咸通間
遊至濠州。刺史劉助忽中風。召治。則書符三道。貼於肩
脊腿處。曰驅風從脚出。風果冷冷然自脚心出而愈。後
隱西山不見。

山圖隴西人。少好乘馬。馬踶之。折其脚。遇山中道人教令
服地黄苦參散。服之一歲。而脚愈身輕。復遇道人。言能
隨吾。使汝不死。圖卽隨之。遍游名山。踰六十年。一旦歸
家。正母死。塟畢復去。遂莫知所之矣。

晏仙人嘗採樵鄞江山間。見一道人食桃。餘半顆與之。食
遂能前知人之禍福。汀人目曰晏仙人。

楊昭慶。志尚清虛。唐景福中。自京兆至眉州。乃嘆曰。昔史

通平先生得三一之旨。修之已白日升天。獨無繼者乎。
遂住青神縣遊仙觀三十餘載。感五岳丈人希受真君
降。授以朱明龍文。亦得尸解之道。
柴通玄。陝州閿鄉人。為道士于承天觀。自言百餘歲。言唐
末事歷歷可紀。善辟穀長嘯。最喜飲酒。宋太宗召至。懇
求還真宗祀汾陰。亦召對。明年春。通玄作遺表。遣弟子
詣闕。又集官僚士庶言生死之要。夜分盥濯焚香。遲明
而逝。
丁少微。亳州真源人。隱華山潼谷。容邇陳希夷所居。志尚
清潔。善服氣。多餌藥。百餘歲。康強無疾。宋太宗召至闕。
以金丹。巨勝。南芝。玄芝為獻。留月餘。請還山。尋卒。

趙自然居銅陵縣陶村者。種杏煉丹。宋太平興國中。一夕夢真君授以篆法。遂能篆。又夢食以栢枝。遂不食。雍熙中。召至闕下。賜觀于鳳凰山。

張無夢。宋嘉開元觀羽士。宋真宗召對。講易謙卦。真宗問曰。獨說謙卦。何也。對曰。方大有時。宜守之以謙。復命講還元篇。敷對詳明。真宗大悅。宸翰特賜以詩。寵其還山。

徐道士居淸溪天樂觀。年八十餘。夢大羅天賜詩。因白衆無幾尸解。

抱一道士姓趙。梁泉人。嘗遇一老人。篋中取物餌之。狀如尸解而去。

蘆菔。又與一小瓢。中有藥如菉豆。曰。遇有疾者施之。自

是絶粒宋真宗東封召見賜名抱一
石仲元桂林人號桂華子。為道士于七星山於詩妙究精微宋天禧中將逝謂門人曰榮謝當然未喪之文子其嗣之盡出平生所作詩三百餘篇授之曰凡吾之所得子之所知必傳之有桂華集存世後人見之於武夷。
林遇賢宋咸平初來寓長洲之明覺禪院常以酒肉自縱酒家或遇其飲則售酒数倍于他日人称為酒仙語人禍福必驗以符治病必痊時創佛舍助錢數百萬未嘗稱丐於人而人不知所自來
郭上竈宋天禧中以傭瀹湯滌器汴州橋茶肆。一日遇純陽隨去十餘年復歸謁趙長官曰大數垂盡願施一小棺棺首可穿一穴插通節竹於穴中。趙許諾明日汲水浣身臥槐下遂絕葬於河岸是秋水漲趙往視之獲棺無尸。

甄棲真字道淵號神光子博涉經傳長於詩賦應舉不第嘆曰勞神敝精以博虛名遂讀道家書以自娛初訪牢山華盖先生久之遊京師周歷四方以藥術濟人宋祥符中寓晉州紫極宮性和靜怡淡晉人愛之年七十五遇許旌陽曰汝風神秀異雖老亦可仙因授鍊形養元之訣行之二三年顏童髮黑攀高躡險輕若飛舉或月餘不食乾興元年冬坐磚榻而卒月餘形如生衆始知其尸解去。

管歸真錢塘人天聖間遇一青衣自言姓邊氏有點化黃白之術願以為贈歸真問曰歷歲久遠不曰五百歲後當復爾歸真謝曰得不悞後人也青衣以手加額曰子真人也吾有紫府符法珍藏已久今豈可隱乎於是遂受之不踰年符法大振祥符中召赴闕行符救病無一不愈京師旱召歸真作法龍虎飛躍膏雨大霔加大法師賜號正白先生一日召其徒告之曰綉衣使者告吾功業成上帝召任職矣遂偃然而化熙寧中趙抃守杭記其行事

魚肉道人不詳其姓氏家成都生于宋天聖中兒時手足攣縮瘠不能言遇異人以藥一粒納之口中遂能言行

知隱匿事遇武當孫坦先生曰羅浮山王野人五代時
惠州刺史棄官學道宜往拜之道人至羅浮緣藤上崖
見野人踞坐拜畢拱立野人曰子可教取魚肉與食道
人自此能食生肉紹興末召封達真先生王野人附
藍喬宋龍川人舉進士不第乃隱於霍山常吹笛賦詩云
太一亭前是我家滿床書史足生涯春深帶酒不歸去
老却碧桃無限花嘗自云是羅浮山仙人一日飛昇而
去後有人見於洛陽布衣百結入酒肆中一飲數斗常
置紙百張於足下令人片片拽之無一破者蓋身輕也
是日復置紙於足下令人取盡足浮風雲倏倏而去有
仙鶴南來迎之空中歷歷聞笙簫聲

趙棠宋曹州人弃官隱居番禺汴京景德寺有異僧曰志言人傳棠與僧常以偈頌相寄萬里間數日即達棠死值盛夏尸不變。

劉混康晉陵人幼遇異人授以咒術治疾輒驗宋仁宗聞而召之事皆稱旨後住茅山賜號葆真冲和先生。

侯谷神為沂州道正貌古形臞酷慕神仙黃白之術一日一鶉衣道士入觀中少話間袖出丸藥一粒與谷神啖之年八十有五忽沐浴別諸弟子枕肱而羽化。

楊父號越漁翁生一女絕色有謝生求娶父曰吾女有詩一聯能續之則可詩曰礫奩半窓月脩竹一簾風生曰何事今宵景無人解與同女曰天生吾壻遂偶之七年

忽瞑目而逝後生見之江中曰吾本水仙暫謫人間耳

崔自然巢縣人少好道得服松脂法後隱于城南洞中辟穀修煉積雪凝寒嘗于溪中澡浴每入山虎豹見之皆馴服一日謂其徒曰我為仙官所召語訖而逝有人自豫章來者見之于道今石床藥臼見存

陳葆光住晉陵天慶觀嘗夢玄武神擧白壁授之遂善符篆治病立應撰丹神掌家求三卷存世

韋恕女及笄有張老者六合縣之園叟也自求婚于恕恕曰即下聘錢五百緡方可老諾不移時而錢至既娶老負钁穢地鬻蔬不輟女執爨濯一日女來辭恕曰王屋山下有小莊今隨壻往他日煩令大兄來相訪後恕令

男義方訪之至一甲第見青衣輩引一衣冠人即張老也喜曰賢妹正梳頭即延入見宴款累日別時奉金三十鎰并一舊蓆帽曰金多不便提携可持此帽于楊州王老家取錢一千萬義方歸告復訪王老果如數得錢再尋之不復有路矣。

劉野夫青州人居東都嘗約龔德莊曰君家人夕必出我夕當往見君德莊至晚坐待久之見火自門起德莊遂冒烈焰而出四傍皆燼翌日野夫來曰君家人幸出可賀也陳瑩中尤深重之宋政和間寓興國寺人計其壽一百四十五歲。

許碏自言高陽人少舉進士不第學道於王屋山周遊五

岳名山洞府無不徧歷石崖層壁人不及處輒題云許
碏自峨嵋尋偃月子到此或詰之曰我天仙也何在崑
崙就宴失儀見謫人皆笑之以為風狂後當春景插花
滿頭於酒樓上醉歌昇雲飛去

蘇舜卿字子美長於詩與梅聖俞齊名徙居蘇州買水石
作滄浪亭號滄浪翁後崔存遇於王屋山問曰世傳學
士仙矣良久曰瀛洲有召遂飛去

沈鱗字廷瑞彬之子也學道於王筍山常衣单褐風雪不
易嗜酒工詩時呼為沈道者有詩寄故人陳智周云名
山相別後此去會難期金鼎消紅日丹田老紫芝訪君
雖有路懷我豈無詩休羨繁華事百年能幾時後尸解

而去
牟羅漢眉人。名安。如峨山陟上清坂。忽遇髯者頋笑曰。汝飢。何不食栢子耶。言訖。摘子投其口。髯者不復見矣。於是遂不火食。一日江水暴漲。舟不可行。或戲指其笠曰。乘此渡可乎。安遂置笠水面。趺坐其上。截江以濟。人呼為牟羅漢云。
劉遁宋丁謂嘗拔之徃來。一日遁作詩贈謂。有他時駕鶴游滄海。同看蓬萊海上春之句。謂當未解。及南遷見之于崖州。謂方悟遁異人也。遂與之泛舟海上而飲。曰成子之詩意矣。
李常在蜀人。少治道術。人累世見之。初有二男一女。婚娶已畢。乃去。唯二弟子隨之。後各以青竹杖度二弟子身。遣歸家置杖卧床。逕還。其家并見兒尸在床。各泣而埋之。百餘日。有人於郫縣逢二子隨常在。因附書達家。各發棺視之。惟一青竹杖耳。常在又娶婦。前婦令子往尋之。常在曰。婦欲來見我。法不得見。兒見婦。泣而訣去。

張遠霄。眉山人。一日見老人持竹弓一。鐵彈三。云質錢三百千。張無靳色。老人曰。吾彈能辟疫癘。宜寶而用之。再見老人。遂授以度世法。熟賑見老人目各有兩瞳子。後往白鶴山垂釣。西湖峯上遇一老人曰。四目老人。子之師也。尚不記授竹弓鐵彈時耶。遠霄遂大悟。而成仙舉。

費孝先。成都人。宋至和二年。游青城山。至一村莊。遇老人延之坐。因壞其竹床。孝先不自安。請償其值。老人笑曰。成毀數也。子但視其下。書云某年月日造。某年月日為費孝先壞。孝先訝之。已二百餘年。遂懇拜為師。得授易義之秘。竟以卜鳴天下而仙去。

張道清。郢州人。宋熙寧間。住郢渚九宮山修煉。聲動禁中。光宗嘗有疾。召道清治之。以符水進。立愈。修醮之夕。光景如晝。因賜號真君。寧宗親書欽天瑞慶宮五字賜之。

謝枋得詩。真人何代結幽棲。累世奎章煥紫泥。日月高奔黃道近。衡廬傍出王繩低。

二張仙翁。一名道溫。京兆人。一名崇真。澤州人。同居澤州上町社修真觀。偕出東遊海島。遇劉長生。密傳妙法。復歸結茅于舊棲相繼坐蛻瘞之同穴皆傳同仙去云。

張先生貴池人少遇異人得道結廬齊山中常默不語士大夫問之直視不對終日端坐廬下三十年神觀超然毛髮玄潤肌理如玉雪宋政和間尸解而去後沔陽蕭行美年九十餘篤行履素嘗游對融山遇一老人自稱張先生指草一叢曰移栽之可煑鐵成銀但勿漏泄行美受教遂移草歸試之果然久之漸泄其秘一夕大風雨漂失其草再入山求訪之俱不復見矣。

楊權盱江人自少穎悟不群聞張真牧有道行即往從之真牧授以九返之術曰逢江莫行至泥則止後舟次九江江沱嘗便悟遂結廬修煉其中時大疫施以符水輒

效遠。近慕之。後作頌而解去。宋咸淳中。封通慧孚惠真人。

裴老人。世居江左。得道游閩。愛清源山。遂卜居其下。嘗自吟曰。好酒吸三杯。好花插一枝。思量今古事。安樂是便宜。凡遇飲。只三杯而止。元所居處有虎十餘。旬日必食一人。裴老每十餘日買肉一塊以飼之。且祝曰。食此肉。毋食人肉。久之虎為所化。絕不傷人。裴老常到泉城朝往暮還。其虎送候裴老於郭外。負之而歸。又嘗游萬福山頂。渴無水。以拳扣石。磐磐微傾。甘泉漸出。至今一人飲之不盈。百人飲之不竭。即聖泉岩也。隔里有相公廟者。鄉人祈禱之立應。每有三牲祭獻。則看官尼巫戒人毋得窺伺。而神必食其半。每一年必生食一孩童。鄉人咸輪出幼子以薦之。不爾。凶荒災疫立降。一老翁年八十餘。只一孫。鄉人推飼之。翁未忍。抱孫於廟門而泣。裴老適見之。詢得其情。因代翁抱其孫。以斗覆燈待之。至夜半。相公口中轟轟有聲。腥氣逼面。遽出火視之。皆臭虫也。遂抱兒出。及明。取熱水澆之。臭虫死。相公亦不靈而害遂除。又泉城諸父老每歲中秋夜。共推年登八十者一人。架高座於橋。老者坐其上。夜靜皆見紅燈一對。自雲中來迎去。其子孫親戚。即設酒樂。延賓宴樂其下。以為祖考昇仙矣。因名橋曰登仙。里中老人。雖恐不與也。裴老偶過之。撫心曰。祟也。吾當為除之。泉人素敬信裴老。於是遂仗劍升座。俄紅燈來。以劍擊之。血流滿地。衆始訝異。天明依血蹤至清源山後。見大磐石下一大蛇被傷。伏其下。衆競刺殺之。傍一洞。皆向登仙人骨也。裴老令其子孫卜穴而合瘞之。後裴老忽登清源上洞。蛻骨而去。土人塗其骨。即石室中祀之。因名蛻岩焉。

張秉。武陵人。一日行于山澤間。遇仙女曰。帝以君功在吳分。故遣相配偶。生子以木德王其地。且約踰年再會于此。秉如期往。果見女以襁褓中子付秉曰。當世世相承血食吳楚。後子名渤。為祠山仙長。

田志亨。彝吾人。號通真子。父母亡。自負土築墓。一日捨妻子。為黃冠。居唐縣磨岩。坐柏樹下一磨石。日乞食村落。

夜還宿石上。每有猛獸巨蛇見之。皆俛首而退。里人咸異之。為創觀居焉。年八十而逝。

吴守一。蘭陵人。早為黄冠。後從淵然劉真人受煉度秘術。入琅琊神峯山之陽。棲霞辟穀有年。忽一道人入庵與語。須臾袖中出茶一包。命烹共啜。出戶。道人不見。自是年逾九十。鶴髮童顏。羽化之夕。奇香滿室。白鶴遶空者移日。

程守善。金城秋道人。含真養素。禱雨治疾立應。所居萬壽觀枯槐復茂。至正中。無恙而逝。賜號通真子。

吉志通。郃陽人。幼穎悟。師喬潛道。及淄清客。博學。令聞後居武當山。十年不火食。但餌黄精蒼术。精神澄澈。行步若飛。一日召弟子戒以珍重道教。言訖。曲肱而逝時元中統甲子歲也。

王當陽。桐汭人元初。遇異人。能幻化之術。後遊武當而歸。於郡南平頂山建昇平道院修煉其中。撰述精語。年九十餘。忽端坐而化。

張得一。台州人。有忻解元所居後嶺山林深邃。人跡罕及。嘗有樵者至山巔見。小草菴。一道姑坐其中。歸告忻。忻即策杖訪焉。佇立良久。俟出定開目。乃前作禮問先生何處人。何年至此。不荅。又曰欲盖小屋與先生蔽風雨。可乎。亦不荅。忻竟召工作屋。且築土臺以供宴坐。時得一年方弱冠。欲棄家學道。齋香拜謁。啓曰某妄意修真。

未知前程可以達道否姑欣然應之曰汝當逢至訣宜速離此吾授汝數語能寶持受行之不可勝用矣云心湛湛而無動氣綿綿而徘徊精涓涓而運轉神混混而往來閑崑崙於七竅散元氣於九垓鑿破玉關神光方顯寂然圓郭一任去來張瞿然有悟歸告家人遂遠遊不復還故里每歲八月中祥光見焉或有仙鶴飛鳴遠近咸覩

梁野人名戴長沙人父兄皆儒業獨戴慕尚逍遙得鉛汞修煉之術嘗晝寢三清殿後銅像之側夢金人長丈餘提其左手以一金錢按之戒曰汝欲錢時但縮左手袖中振迅則錢隨取多寡慎勿妄漏戴拜受恍然而寤覺

左掌微痛視之隱隱有錢頂謝訖試之果驗以後益放
曠歌酒自娛其母責之曰吾生二子冀以終身爾兄少
年登科淪落鬼如此吾何所望乎欲遊外方毋留之不
可遂去十二年無消息兄顏守廬州戴謁之顏見且喜
且悲飲之酒數行曰吾為郡伯豈忍見弟藍縷令換衣
冠戴曰山林風致唯事內觀何索我於形骸之外即出
寄旅邸醉卧夜半有錢聲主驚起曰此道人必偷兒也
何錢聲之多穴隙窺之一無所睹且而伺其出錢緡推
垜半壁上有書貽太守曰弟野人以烟蘿侶久候不果
奉辭唯冀珍重有少錢煩周邺貧乏仍遺下所着敝衣
異香襲人殆非世所嘗聞驗其去蹤撥屋尾少偏乘空

而升後不知所往。

鄧牧錢塘人通老莊諸書下筆追古作者嘗居餘杭洞霄
宮之超然館經月不出四方名勝以文字請者交至非
其人雖千金購之弗與也元大德間無恙而逝所著有
洞霄志文稿

張金箔山西平陽人多幻術聞濟源湫水之蹟往視之對
水沉思久之曰不過術耳歸以後圃鑿池積水設機亦
能漑物有一老道流至問曰聞君多術故來探耳張引
觀池老道笑曰他日請遊寒寓亦可為樂數日後遣二
童子各騎龍邀張龍戾童鞭之始伏至一長山枯松落
落上有團壁老道危坐其中曰老夫不欲涉塵世以二

足置他所俟取至為禮張見兩腿兀然倚壁老道以手
招之腿自輳及其體施禮畢謂張曰君後日必為術累
不若移家至此同享仙境之樂張謝不能老道囑童徃
移倏忽之間張之房業男女皆在目前張大驚俄頃忽
不見止留張在荒山中尋路久之還家問前故皆曰未
嘗少移也
高皇帝聞之召至問其用術何似對曰臣術能採蓮為戲
瓶中又能出五色雲即
命為之袖中取一鐵瓶書五符與水投瓶中用火四炙
初出如縷漸勃然五色雲迷布上下又以蓮子撒河中
須臾蓮花萬柄挺出復以紙剪作採蓮舡投之美女無

數俱在舡採蓮競唱吳歌為樂。
上一不覺大笑忽失其所在人舡俱不見矣。
董伯華成化間居泉州能呼風喚雨無不立至。又嘗賣雷
𤗝一雷符賣錢一文。兒童輩常買之。藏符于手心到雙
門前開手。雷卽應聲而震。後登清源山坐岩門尸解。
周思得錢塘人。少穎悟。從四十三代天師張宇初讀道家
書。永樂初召至京。嘗扈從北征。寵賚優出。宣德正統間
累封崇教弘道高士領道錄司事。卒年九十二。贈通靈
真人。

有象列仙全傳卷之九終

列仙全傳後序

孟子曰盡信書不如無書且神仙之事邈矣其說始詳於劉子政再著於陶道明若謂緣宿之外藎臣純子間得而成之元非豔慕諂倿所能萬一劉為列仙傳自西漢

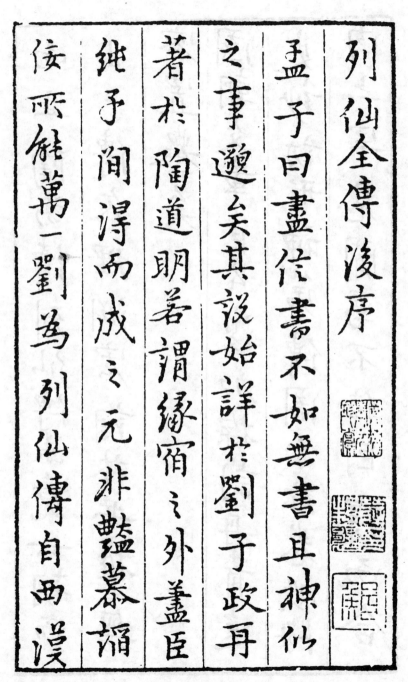

而止陶為續列仙傳未竟六朝而
止二傳文理淵宏詞林共推無
容置喙矣
國朝文章巨公復加探討丹青遺
史鈔訪形神第傳圖分珍卷帙海
內亦罕見聞焉不佞因得而合

梓之讎幸依據有資閭之竊附管見共集五百八十一人而有像則二百二十二人何則王母多齒尚父無鬚非可擬議而想像者寧用闕如以俟博識云爾

萬曆庚子夏日汪雲鵬序并書

有象列仙全傳 /（明）萬曆廿八年（一六〇〇）汪雲鵬刊本
--影印本--臺北市：臺灣學生，民 78
36,650面；21公分--（中國民間信仰資料彙編第一輯；5）
ISBN 957-15-0017-8（精裝）：全套新臺幣 20,000 元

Ⅰ（明）萬曆廿八年（一六〇〇）汪雲鵬刊本　Ⅱ中國民間信仰資料彙編第1輯；5
272.08/8494 V. 5

中國民間信仰資料彙編　第一輯

王秋桂　李豐楙　主編

有象列仙全傳（全一冊）

編輯者：明・汪雲鵬
出版者：臺灣學生書局
發行人：丁文治
發行所：臺灣學生書局
臺北市和平東路一段一九八號
郵政劃撥帳號○○○二四六六～八號
電話：三六三四一五六
本書局登記證字號：行政院新聞局局版臺業字第一一○○號
印刷所：明國印製有限公司
地址：台北市桂林路二四二巷五七號
電話：三○八九八二○
香港總經銷：藝文圖書公司
地址：九龍又一村達之路三十號地下後座
電話：三－八○五八○七

中華民國七十八年十一月景印初版

27203-5

ISBN 957-15-0017-8（套）